滨州学院教材出版基金资助

教|育|知|库

教师口语教学研究

王娟——编著

九州出版社
JIUZHOUPRESS

图书在版编目（CIP）数据

教师口语教学研究／王娟编著．--北京：九州出
版社，2022.6

ISBN 978－7－5225－1019－4

Ⅰ.①教… Ⅱ.①王… Ⅲ.①汉语—口语 Ⅳ.
①H193.2

中国版本图书馆 CIP 数据核字（2022）第 110060 号

教师口语教学研究

作　　者　王　娟　编著

责任编辑　赵恒丹

出版发行　九州出版社

地　　址　北京市西城区阜外大街甲 35 号（100037）

发行电话　（010）68992190/3/5/6

网　　址　www.jiuzhoupress.com

印　　刷　唐山才智印刷有限公司

开　　本　710 毫米×1000 毫米　16 开

印　　张　15

字　　数　193 千字

版　　次　2022 年 9 月第 1 版

印　　次　2022 年 9 月第 1 次印刷

书　　号　ISBN 978－7－5225－1019－4

定　　价　68.00 元

前　言

　　教师口语是研究口语运用规律的一门应用语言学科，是在理论指导下培养师范生在教育、教学过程中口语运用能力的实践性很强的课程，是高校师范类各专业学生掌握教师职业技能的必修课。开设教师口语课程，是贯彻国家语言文字方针政策的需要，是我国改革开放、建立社会主义市场经济的需要，也是师范院校加强教师职业技能训练、深化课程改革的需要。教师口语课的任务是要充分发挥学生学习教师口语的积极性，提高其口语运用技能、言语识别能力、言语判断能力和言语应变能力，培养既有扎实理论基础又有较强专业技能的适应地方需要的高素质、应用型人才。

　　教师口语是解决教师在从教过程中口语应用的一门应用语言学科。它是以教师在教育、教学和其他工作中的口语运用为研究对象，在马克思主义认识论和方法论的指导下，以理论语言学、描写语言学、心理语言学、心理发展语言学和社会语言学为基础，同时吸收教育学、心理学、发声学、朗读学、交际学、逻辑学、伦理学和美学等学科的研究成果，对教师在各种工作语境中的口语应用进行系统研究，以揭示教师职业口语的特殊规律的一门学科。

　　作为一门独立的学科，教师口语由普通话训练、一般口语交际训练、教师职业口语训练三部分构成。普通话训练是前提，贯穿口语课程始终；一般口语交际训练是普通话训练的继续和深化，是教师职业口语训练的基础。教师职业口语训练是师范类各专业学生首先应掌握的基本技能训练，是对一般口语训练的提高和扩展。

教师口语不以传授理论知识为目的，它具有特定的训练目标和训练内容，是一门实践性很强的学科。本书在编写过程中力求突出以下特色：

科学性：在教育理论和语言学理论的指导下，形成知识和训练相结合的研究体系，构建基础训练、综合训练和职业训练的知识结构和能力结构，符合教育对象的认知规律和语言的训练规律。

实践性：在教师口语课的教学中，理论是方法、是指导，训练是手段、是核心。因此，教师要在传授基本理论的同时，给学生提供充分的实践训练机会，以练为主，将理论和训练材料融为一体，让学生在具体的语境中锻炼自己的语言交际能力。

适用性：教师口语课的学习过程，主要是训练的过程，而课外训练是重要的组成部分。为此，笔者在本书的编写过程中特别注意突出了训练方法、示范材料等内容，帮助学生努力取得训练的真实效果。

在本书的编写过程中，笔者参阅了相关的论著、教材和资料，吸取了大量的养分。在此，向相关研究者表示最真挚的谢意！尽管笔者已做了很大的努力，但由于水平有限、时间仓促，书中难免仍存在不足之处，恳请各位读者和同仁批评指正。

目　录

导论　教师口语概述

第一章　普通话和教师口语

"国际母语日"为每年的 2 月 21 日。联合国教科文组织于 1999 年提出倡议，从 2000 年起，每年的 2 月 21 日为"母语日"。其目的是向全球宣传保护母语的重要性，促进母语传播，避免地球上大部分的语言消失。

我们国家的语言教育存在着"外语热、汉语冷"的现状，一方面是大学生都要参加英语的四、六级考试，出国还要参加托福、雅思等各种外语考试，外语教育和考试要求明确、体系完整；另一方面国民语文应用能力堪忧，提笔忘字、汉字书写水平下降，汉语能力评价考核标准还很缺乏。

第一节　普通话与普通话水平测试

一、普通话

（一）普通话的含义

普通话是现代汉民族共同语的通俗叫法，是现代汉民族共同用来交际的语言。1955 年 10 月，"全国文字改革会议"和"现代汉语规范问题学术会议"相继召开，从语音、词汇、语法三个方面确定了现代汉民族共同语的标准，为普通话下了科学的定义：普通话是以北京语音为标准音，以北方官话为基础方言，以典范的现代白话文著作为语法规范的现代汉民族共同语。

（二）普通话的形成

中国自古就存在着不少的方言，方言之间的分歧相当严重，各地方的人靠什么互相交际呢？春秋战国时期有所谓"雅言"，"雅"是"正"的意思，"雅言"就是正确、规范的语言，是大家都应该遵循的语言。孔子在诵读诗书和执行典礼的时候并不是说他的家乡话，而是用各地都通行的雅言。到了汉代，各地都能通行的语言称为"通语""凡语""通名"。"雅言"和"通语"这些名称的出现，说明中国至少从春秋战国起，在正式交际场合就已形成了一种大家都要遵循的共同语。在古代，只有能成为全国政治中心的都城的方言才可能具备这样的权威性。中国从商周直到北宋的两千年时间里，都城一直在中原地区，而且主要在长安（西安）和洛阳两地。因此，这种全国都能通行的共同语的基础方言应该就是长安、洛阳一带中原地区的方言。

到了公元 10 世纪左右，这种权威性受到了挑战，长安和洛阳已不再是全国唯一的政治中心了。到了元代，蒙古族统一了中国，元大都话也就取代了长安、洛阳一带的中原方言，成为新的具有权威性的方言。到了明代，出现了"官话"这个名称，也就是在官场上通行的话。当时官吏无论是在京城还是在外省做官，都不可能说京城和外省人听不懂的家乡话，客观需要迫使他们必须学习说官话。官话的普及起初只是官吏们自发的行为，但到了清雍正年间，规定凡是举人、秀才、贡生、童生不懂官话一律不准参加科举考试。雍正的这道谕旨对官话的普及和推行起了重要的推动作用。

宣统元年，清政府正式提出把"官话"改为"国语"。1912 年初中华民国成立后，肯定了"国语"这个名称，决定在全国范围内推行"国语"。

中华人民共和国成立后，确定以"普通话"作为汉民族共同语的正式名称，代替过去通行的"国语"，规定普通话的内容是"以北京语音为标准音，以北方官话为基础方言，以典范的现代白话文著作为语法规范"，并且制定了推广普通话的具体措施。

（三）普通话的标准与规范

1. 语音规范

语音方面，普通话以北京语音为标准，而不是"以京音为主，也兼顾其他方音"。同时，语音标准是就整体而言的，并非北京话中的每一个音都是规范的、标准的。

2. 词汇规范

词汇方面，普通话是以北方官话（词汇）为基础，而不是以北京话为基础，也不是以北京话为标准。因为词汇的流动性大，相互渗透力强，系统性不如语音那么严整，所以它不能用一个地点的方言为标准或基础。

3. 语法规范

语法方面，普通话是以典范的现代白话文著作为语法规范。典范的现代白话文著作是指现代优秀作家、理论家的优秀作品（如鲁迅、郭沫若、茅盾等人的代表作，毛泽东、周恩来等人的论著）和国家发布的各种书面文件（如法律文本、通告、政令等）。

二、普通话水平测试（PSC）

（一）普通话水平的等级

《普通话水平测试等级标准（试行）》（国语〔1997〕164 号）把普通话水平分为"三级六等"。"三级"是首先将普通话水平分为一级、二级和三级，一级可称为标准的普通话，二级可称为比较标准的普通话，三级可称为一般水平的普通话。"六等"指在每个级别内进一步分出甲、乙两个等次。各个等级的普通话水平具体描述如下：

一级甲等：朗读和自由交谈时，语音标准，词语、语法正确无误，语调自然，表达流畅。测试总失分率在 3% 以内。

一级乙等：朗读和自由交谈时，语音标准，词语、语法正确无误，语调自然，表达流畅。偶然有字音、字调失误。测试总失分率在 8% 以内。

二级甲等：朗读和自由交谈时，声韵调发音基本标准，语调自然，表达流畅。少数难点音有时出现失误。词语、语法极少有误。测试总失分率在 13% 以内。

二级乙等：朗读和自由交谈时，个别调值不准，声韵母发音有不到位现象。难点音失误较多。方言语调不明显。有使用方言词、方言语法的情况。测试总失分率在 20% 以内。

三级甲等：朗读和自由交谈时，声韵母发音失误较多，难点音超出常见范围，声调调值多不准。方言语调较明显。词语、语法有失误。测试总失分率在 30% 以内。

三级乙等：朗读和自由交谈时，声韵调发音失误多，方音特征突出。方言语调明显。词语、语法失误较多。外地人听其谈话有听不懂的情况。测试总失分率在 40% 以内。

现阶段我国对一些岗位和专业人员的普通话水平有具体要求。教师和师范院校毕业生应达到二级或一级水平，语文学科教师应高于其他学科教师的水平。专门从事普通话语音教学的教师和从事播音、电影、电视剧、话剧表演、配音的专业人员，以及与此相关专业的毕业生应达到一级甲等或一级乙等水平。

（二）普通话水平测试的内容和评分标准

测试内容有四项，满分100分。

1. 读单音节字词（100个音节，不含轻声、儿化音节）

目的：测查应试人声母、韵母、声调读音的标准程度。

评分：此项成绩占总分的10%，即10分。每个音节允许读两遍，即应试人发觉第一次读音有误时可以改读，按第二次读音评判。

（1）语音错误，每个音节扣0.1分。

（2）语音缺陷，每个音节扣0.05分。

（3）限时3.5分钟。超时1分钟以内扣0.5分，超时1分钟以上（含1分钟）扣1分。

读音错误是指把一个音节的声、韵、调读成其他的声、韵、调。读音缺陷是指声、韵、调的读音虽不准确但还没有到错误的程度，接近标准但不够标准，如：声母发音部位虽不准确，但还不是把普通话里的某一类声母读成另一类声母，比如读舌尖后音 zh、ch、sh 时舌尖位置偏前，但还没有完全错读为舌尖前音 z、c、s 等。韵母读音的缺陷多表现为合口呼、撮口呼的韵母圆唇度不够，或者复韵母、鼻韵母舌位动程不够等。声调缺陷主要表现在调形基本正确，但调值偏低或偏高，特别是四声的相对高点或低点不一致。

2. 读多音节词语（100个音节）

目的：除测查应试人声母、韵母和声调的发音外，还要测查变调、轻声、儿化读音的标准程度。评分：此项成绩占总分的20%，即20分。

（1）语音错误，每一个音节扣0.2分。

（2）语音缺陷，每一个音节扣0.1分。

（3）词语内部的音节之间明显读断，酌情一次性扣0.5分、1分。

（4）双音节词语中轻重格式处理不当，每次扣0.1分。

（5）限时2.5分钟。超时1分钟以内扣0.5分，超时1分钟以上（含1分钟）扣1分。

3. 朗读短文（400个音节）

目的：测查应试人用普通话朗读书面材料的水平，在测查声母、韵母、声调读音标准程度的同时，重点测查连读音变、停连、语调以及流畅程度。

评分：此项成绩占总分的30%，即30分。对每篇材料的前400字（不包括标点）作累积计算。

（1）每读错一个音节扣0.1分，漏读或增读一个音节扣0.1分。

（2）声母或韵母的系统性缺陷，视程度扣0.5分、1分。

（3）语调偏误（主要指语流中显现的与普通话语调不一致的问题，如：音节的调值和调形不准确，词语的轻重格式不恰当，音节的长短不合理，连读音变不自然，语调的轻重、快慢、高低、停连的配置与变化同普通话语调有差异等），视程度扣0.5分、1分、2分。

（4）停连不当（主要指割裂词语、肢解句子、使人产生歧义等停连问题），视程度扣0.5分、1分、2分。

（5）朗读不流畅（包括回读），视程度扣0.5分、1分、2分。

（6）限时4分钟。超时扣1分。

4. 命题说话

目的：测查应试人在没有文字凭借的情况下，说普通话的水平。重点测查语音标准程度、词汇语法规范程度和自然流畅程度。

评分：此项成绩占总分的40%，即40分。其中包括：

（1）语音标准程度，共25分。分六档：

一档：语音标准，或极少有失误。扣0分、1分、2分。

二档：语音错误在10次以下，有方音但不明显。扣3分、4分。

三档：语音错误在10次以下，但方音比较明显；或语音错误在10-15次之间，有方音但不明显。扣5分、6分。

四档：语音错误在10-15次之间，方音比较明显。扣7分、8分。

五档：语音错误超过15次，方音明显。扣9分、10分、11分。

六档：语音错误多，方音重。扣12分、13分、14分。

（2）词汇语法规范程度，共10分。分三档：

一档：词汇、语法规范。扣0分。

二档：词汇、语法偶有不规范的情况。扣1分、2分。

三档：词汇、语法屡有不规范的情况。扣3分、4分。

（3）自然流畅程度，共5分。分三档：

一档：语言自然流畅，扣0分。

二档：语言基本流畅，口语化较差，有背稿子的表现。扣0.5分、1分。

三档：语言不连贯，语调生硬。扣2分、3分。

（4）说话不足3分钟，酌情扣分：缺时1分钟以内（含1分钟），扣1分、2分、3分；缺时1分钟以上，扣4分、5分、6分；说话不满30秒（含30秒），本测试项成绩计为0分。

（5）离题、内容雷同，视程度扣4分、5分、6分。

（6）无效话语，累计占时酌情扣分：累计占时1分钟以内（含1分钟），扣1分、2分、3分；累计占时1分钟以上，扣4分、5分、6分；有效话语不满30秒（含30秒），本测试项成绩计为0分。

（三）普通话水平测试的方式

普通话水平测试采用口试方式进行。目前对应试人的口试已使用计算机辅助测试手段，简称"机测"。即，应试人在接受普通话口试时要面对计算机进行。普通话水平测试的前三项内容（字、词、短文的朗读）由计算机语音识别系统自动评分，第四项"命题说话"由人工通过互联网测评，测试员与应试人互不见面。

（四）计算机辅助普通话测试的流程

1. 上机前的备考过程

应试人进入待测室等候点名—抽取机位号和备考样题—进入备考室准备应试内容—进入指定的测试考场并坐在指定机位。

2. 上机后的操作过程

（1）进入机测页面

机测页面是由考试主机直接分发给应试考生的。考生只要戴好耳机，等待主机分发试题，即可出现考生的登录页面。智能测试软件启动之后，系统弹出佩戴耳机的提示。此时，点击"下一步"按钮，继续下一步操作。

（2）输入并核对考生信息

进入考生登录页面：输入准考证编号，并核对考生姓名、身份证号码，即可确认。确认无误后即可点击"进入"按钮，开始测试。

（3）确认试卷：直接点击"确认"按钮继续。

（4）系统试音

进入试音页面后，考生会听到系统的提示语，提示语结束后，请以适中的音量和语速朗读页面呈现的句子，进行试音。如试音顺利，系统会出现"试音结束"的对话框。请点击"确认"按钮，进入下一程序。

若试音失败，请提高朗读音量并根据系统提示重新进行试音。试音结束，系统会弹出提示音结束的对话框。点击对话框的"确认"按钮，进入正式测试程序。

（5）进行测试

三、特别提示

（1）普通话水平测试共有 4 个测试项，每个测试项开始时都有一段语言提示，语言提示结束会发出"嘟"的结束提示音，这时，应试人才可以开始测试。

（2）测试过程中，应试人应做到吐字清晰，语速适中，音量与试音时保持一致。

（3）测试过程中，应试人应根据屏幕下方时间提示条的提示，注意掌握时间。

（4）如某项测试结束，应试人可单击屏幕右下方"下一题"按钮，进入下一项测试。如某项测试规定的时间用完，系统会自动进入下一项试题。

（5）测试过程中，应试人不能说该测试项之外的其他内容，以免影响评分。

（6）测试过程中，如有问题，应试人应举手示意，请工作人员予以解决。

实践练习

普通话水平测试模拟试卷（1号卷）

一、读单音节字词（100个音节）

沾　表　登　股　穷　捆　织　肉　寸　翁　贰　云　撒　紫　捽

趁　夏　捐　黑　竿　女　踢　某　贫　饿　份　磨　呆　浓　垒

滑　激　娶　真　酸　夜　弯　贼　弱　室　穴　玖　逛　特　伐

鸣　颇　防　还　超　熔　撕　跃　袄　从　隔　束　项　劲　抠

略　藤　迈　订　秒　跨　绝　矮　蠢　邪　框　瓶　推　舱　路

暂　吹　拽　票　往　院　赔　扭　夹　软　灭　掐　穗　皱　禽

采　箭　酿　群　溜　榜　杯　催　暗　焚

二、读多音节词语（100 个音节）

团结　爱护　能量　辞职　费用　考虑　纠正　窝囊　造句　那么

俗话　目光　山脉　磁带　耳朵　碰见　委托　宗派　准确　帆船

成分　入学　细菌　统筹　破坏　抓紧　强调　答应　劳驾　采购

咨询　凶猛　怎样　源泉　思想　敏感　恰当　别人　按照　窗帘

球场　收获　处理　咏叹调　凑巧　一块儿　冰棍儿　没事儿

这会儿　自始至终

第二节　教师口语

一、什么是教师口语

教师口语是指在长期教育、教学实践中产生，在良好的一般口语基础上形成，用规范的普通话表达的，符合教育、教学规律，适应教育对象的心理特点、语言发展及认识规律，遵循语言的一般规律，富有时代感的从事教育教学活动的专门口语。

（一）教师口语有特定的交际对象

教师工作的主要对象是学生，而教师对学生的教育教学工作主要是通过口语交际来实现的。师生之间的特殊关系在很大程度上制约着教师语言表达的目的要求、方式方法以及在交际过程中表现出来的情感特征。因此，教师在运用口语开展教育教学工作时，就要考虑青少年学生这一特定交际对象的年龄特征、个性心理特征、文化素养、生活阅历等，否则就无法达到预期效果。

（二）教师口语有特定的交际环境

学校是教育场所，师生的口语交际活动主要是在校内进行的。学校这一特定的交际环境使口语交际双方产生特定的心理效应。由于教师在学校这个特定语境中处于教育者的主导地位，教师口语就必然带有权威性。有经验的教育工作者往往善于利用这个有利因素来完成教育教学工作。例如，在教室里进行鼓动性与激励性的谈话，可以产生较大的号召力，解除学生心中的疑团。

（三）教师口语有特定的交际目的

教育是培养社会接班人的事业，教师同学生口语交际的目的就总是与社会培养目标联系在一起。现阶段我国教育的培养目标就是把青少年学生培养成德、智、体、美、劳等诸多方面健康协调发展的社会主义事业的建设者和接班人。口语交际的特定目的不仅是教师口语交际的原动力，也制约着教师口语交际的内容和方式方法。教师要用口语达到启迪智慧、教化身心、促成学生健康成长的目的。

总之，"教师口语"是综合运用语言学等方面的知识，解决教师在从教过程中口语应用的一门应用语言学科。它是以教师在教育、教学和其他工作中的口语运用为研究对象，在马克思主义认识论和方法论的指导下，以理论语言学、描写语言学、心理语言学、心理发展语言学和社会语言学为基础，同时吸收教育学、心理学、发声学、朗读学、交际学、逻辑学、伦理学和美学等学科的研究成果，对教师在各种工作语境中的口语应用进行系统研究，以揭示教师职业口语的特殊规律的边缘学科。

"教师口语"虽然有着自身的理论知识，但是它不以传授理论为目的，而是以训练为手段，培养口语运用技能、言语识别能力、言语判断力和言语应变力的能力训练课。它具有特定的训练目标和训练内容，是一门实践性很强的学科。

作为一门独立的学科，"教师口语"由普通话训练、一般口语交际训练、教师职业口语训练三部分构成。普通话训练是前提，贯穿口语课程始终；一般口语交际训练是普通话训练的继续和深化，是教师职业口语训练的基础。教师职业口语训练是师范类各专业学生首先应掌握的基本技能训练，是对一般口语训练的提高和扩展。

二、教师口语的特点

（一）科学性

教学和教育本身就是科学，一是要以科学的规律指导教学和教育，二是讲述的内容一定要科学，即正确无误，这两个方面构成了教师职业口语的科学性。教育教学内容的科学性，势必决定了教师用语的科学性。教师对学生进行思想品德教育时，一定要入情入理，符合实际。批评要有证据，表扬要有分寸。不同的对象，要有不同的口语形式，把思想工作做到学生的心坎儿里。对学生进行教育要得法，方法得当、说话得体，就会使学生心服口服。教师给学生讲课、做辅导工作时，用语必须准确、简练、得体。

（二）教育性

教师被誉为"人类灵魂的工程师"，是人类精神的传播者和建设者。因此，教师的每一句工作用语都必须以能给学生积极、进步的影响为准则，而绝不与此相反，应具有鲜明的思想教育性。因此，教师应做到言行一致，"言必信，行必果"，成为学生的楷模。

（三）规范性

教师语言的规范性是教师"为人师表"的最基本的要求。教师口语应当是标准或比较标准的普通话，语言流畅，节奏明快，慢而不拖沓，快而不杂乱。遣词造句要符合现代汉语的习惯，要避免冗长、啰唆或者随兴所至东拉西扯、任意延伸。规范的语言必须是纯净的，要禁绝讲污言秽语，要避免说口头禅，要学会使用礼貌用语、文明语言。

（四）生动性

教学和教育的特定对象与特定环境，决定了教师职业口语一定要具有生动性，教师口语的生动性会增强教学口语和教育口语的可接受性。教师语言要活泼、鲜明，使学生如临其境、如见其人，使抽象的道理具体化。教师口语要善于运用修辞来增强语言的艺术表现力。教师在口语中要倾注真挚充沛的感情，情动于衷而溢于言表。好的教师能让自己的学生在情感深处产生震撼，这和他充满真情的语言是分不开的。

（五）艺术性

教育教学的语言无时无刻不体现着它的艺术性。艺术性的本身就是要精确，"精"是少而有分量，"确"是恰当地表达内容。因此，教师的语言不在于多少而在于能否击中要害，每一句话都要深深打动学生。

教师还要求具有丰富的知识和较高的演讲能力及技巧，从而提高自己的语言艺术性。另外，教师用语时还需有适度的形体动作及手势以助教学语言的表达，以期达到更好的教学效果。

（六）启发性

教师的任务不仅仅在于传授知识，更重要的是善于运用语言充分调动学生思维的积极性，引导他们独立地获取知识。启发性的语言常有循循善诱、举一反三的作用，教师说了一部分含义或者表面的含义，就能引发学生的思维向更深层、更广阔的方向发展。这就要求教师善于提问，多问学生需动脑筋才能答出的问题，用自己睿智的语言去点燃学生思维的"火花"，开发他们创新的潜能。

总之，学生的学习效果同教师表达的清晰度密切相关。课堂教学模式规定了教师口语在语言上的要求，也就是音量要适中，语速要适度，节奏要富有变化。教师要讲究口语的合理响度，把音调和音强控制在适当程度，让学生听清楚，耳感舒适，语速快慢应根据教学对象和教学内容来确定，以适应学生对语言信息的反馈能力。教育事业是神圣而伟大的，它的承载者——教师是倍受尊敬和青睐的。教师的一言一行，无不深远地影响着一个人或一群人。我们既选择了这个伟大而神圣的职业，就要肩负起历史和社会给予我们的使命感，教书育人将会是我们终生不悔的坚定选择。教师职业口语的规范性是进行教育和教学的前提，科学性是进行教育和教学的根本，而生动性是提高教育和教学效果的保障。

三、教师口语能力的构成因素

（一）讲规范的普通话是教师口语能力的语音基础

普通话是全国通用的共同语，使用普通话有利于克服语言隔阂，促进社会交往，对国家的经济、政治、文化建设具有重要作用。对个人而言，一个人是否具有语言规范意识，能否在必要的场合自觉使用普通话，是衡量他是否有国家意识、法制意识和现代意识的标志。柳斌同志曾在全国语言文字工作会议上指出："普通话是教师的职业语言，要把会讲普通话列为合格教师的必备条件之一，把使用普通话进行教育、教学作为对教师工作的基本要求。"因此，讲规范流利的普通话，既是合格教师的基本条件，也是培养学生教师口语能力的起点和前提。

（二）丰富的知识是教师口语能力的思想基础

思维科学告诉我们，人对外界信息的接收是以"块"和"潜知"的形式储存在大脑皮层，"块"和"潜知"积累得越多，知识就越丰富，口语表达者的思路和视野就越开阔，认识就越深刻，表达也就越充分。说理则纵横捭阖，滔滔不绝，匠心独具；取譬则古今中外，子曰诗云，信手拈来。庄子说："水之积也不厚，其负大舟也无力。"一个人如果知识贫乏，胸无点墨，思想苍白，纵有伶牙俐齿无济于事。历史上蜀国名相诸葛亮，之所以能舌战群儒，说服东吴君臣联合抗曹，主要在于他以超人的智慧、渊博的学识，晓之以理，陈明利害；相反，如军阀韩复榘，深居高位，无知无识，在演讲时，虽故作斯文，却洋相百出，沦为笑柄。又如在"狮城舌战"中获胜的上海复旦大学辩论队顾问王沪宁教授所说："一场高水平的辩论，不仅是技巧密集的辩论，而且是知识密集的辩论……"这里有一个知识量的竞争，就像在战争中一样，弱势的兵器是无法与强势的兵器作战的。这里虽说是辩论，但高师学生要具有较强的教师口语能力，同样也是如此，如果没有宽厚的知识作为思想基础，则口语必然显得苍白无力。

(三) 良好的思维品质是教师口语能力的基本保障

口语表达就是把思维转化为有声语言的过程。思维的速度、深度、广度、质量都直接影响着口语表达的效果。因此培养教师口语能力的一个重要方面就是训练良好的思维品质。

1. 良好思维品质表现为思维的条理性和缜密性

思维的条理性和缜密性就是指在口语表达中思路系统，语脉清晰，话语严密，不疏不漏，富有逻辑力量。只有如此，在口语表达时才能目标明确、主次分明、前后有序，做清醒的表达者。思维的条理性和缜密性是口语表达者思维质量的反映。

2. 良好的思维品质表现为思维的敏捷性和应变性

口语具有现场性、及时性等特点，因此，就要善于摆脱常规思维方式的束缚，机智地适应瞬息万变的形势，冷静地面对现实难题，迅速找到巧妙恰当的应对、答辩途径。思维的敏捷性和应变性是口语表达者思维速度的反映。古今中外如墨翟、纪晓岚、歌德等智辩家就是凭借才思敏捷，信"口"拈来，才留下了智辩佳话。

3. 良好的思维品质还体现为思维的评估性和批判性

所谓评估性是指听话人能够正确地评断对方话语的内涵，不仅要把握它的表层含义，而且还要善于捕捉"弦外之音"和不见于表象的真意。所谓批判性是指在正确洞察评估了对方话语的真意后，予以准确、恰当的批驳。思维的评估性和批判性反映了口语表达者思维的深度。只有具备了良好的评估和批判品质，才能产生清醒的判断和鞭辟入里的锋利言辞。20 世纪 50 年代初，周恩来总理曾接受一位美国记者的采访。那位记者看见周总理桌上放着一支美国派克金笔，便问："请问总理阁下，您是中华人民共和国总理，也喜欢使用派克钢笔吗？"周总理以其思维准确的评估性和深刻的批判性，立即听出记者话语的弦外之音，便平静地答道："这不是一支普通的笔，这是一位朝鲜朋友在战场上得到的战利品，作为礼物送给我的，我觉得很有意义，就收下了贵国的这支笔。"周总理言辞锋利而又不失礼仪，这正是思维的评估性和批判性的生动体现。

4. 良好的思维品质也表现为思维的广泛性

思维的广泛性是指口语表达者善于运用发散性思维，以话题为中心向四周展开联想、辐射，从而使话语语域开阔，既博论恢宏，滔滔不绝，又紧扣题旨，收放自如。思维的广泛性是口语表达者思维广度的反映。

可见，教师口语能力与思维品质有着密不可分的关系，只有在良好的思维训练的基础上，才能锻炼出卓越的口语才能。

（四）健康的心理素质是培养教师口语能力的重要因素

口语表达需要有良好的心理素质——坚定的自信心，稳定的情绪，较强的心理调控能力。

自信心是建立在正确而清醒的自知基础上的对自身能力的充分肯定，是意志和力量的体现。有了坚定的自信心，表达者才会勇于发表自己的见解和主张，才能遇变不惊、遇挫不馁。坚定的自信心是良好的心理素质的核心，是形成教师口语能力的心理基础。

（五）掌握口语的基本技巧、把握教师口语的基本规律是形成教师口语能力的根本因素

规范的普通话、丰富的知识积累、良好的思维能力、健康的心理素质对于培养教师口语能力固然重要，但这些均属于基础性、素质性的，

只有掌握口语的基本技巧（例如发音技巧、语调技巧、表达技巧、口语常用修辞技巧、态势语技巧、语境技巧、语言色彩技巧等）和教师口语常用语体的基本表达规律，并切切实实地把有关口语的基本理论知识化为能力，才是培养教师口语能力的关键。

第二章　语音基础与发声训练

第一节　语音基础

语音是语言的物质外壳，是由人的发音器官发出的表达一定意义的声音。有人说，语音是人类通过发音器官来传递信息的声音，但是，人类口腔发出的咳嗽声、苦笑声、呻吟声也能传递信息，这些声音不是语音，只有有词语意义的声音才是语音。

语音同其他声音一样，产生于物体的颤动，具有物理属性；语音是由人的发音器官发出的，还具有生理属性；更重要的是，语音要表达一定的意义。什么样的语音形式表达什么样的意义，必须是使用该语音的全体社会成员约定俗成的，所以语音又具有社会属性。社会属性是语音的本质属性。

（一）物理属性

音波是由物体颤动而产生的，语音也不例外。发音体颤动影响周围的空气或其他媒介形成音波，音波作用于人耳，刺激听觉神经，就使人产生声音的感觉。声音有乐音和噪音之分：周期性出现重复波形的音波叫乐音，不是周期性出现重复波形的音波叫噪音。语音同其他声音一样，具有音高、音强、音长、音色四种要素。

1. 音高

音高是指声音的高低。它是由发音体在一定时间内的振动次数决定的。语音的发音体是声带，因此在同一单位时间内声带振动次数多，声音就高，反之则低。当然声带自身的长短、厚薄、粗细、宽窄、松紧等与音高紧密相关。音高在语音中主要体现在声调上。

2. 音强

音强是指声音的强弱。它取决于音波振幅的大小，振幅大的声音就强，反之则弱。语音的强弱是由气流冲击声带的力量决定的，气流强，冲击音波的振幅大，声音自然就强。音强在语音中主要体现在重音上。

3. 音长

音长是指声音的长短。它取决于振动体振动延续时间的长短。语音的长短是由声带振动时间的长短决定的。语音中的语调、轻声都与音长密切相关。

4. 音色

音色是指声音的特色。它是由音波波纹的曲折形式决定的，而音波振动形式又是由发音体、发音方法和共鸣器的形状三方面决定的。语音的音色也是由这三者决定的，人可以主动控制自己的声带、气流和唇舌，从而发出各种不同的音色。

（二）生理属性

语音是由人的发音器官发出来的，发音器官可分为呼吸器官，喉头和声带，咽腔、口腔和鼻腔三大部分。

1. 呼吸器官

呼吸器官是由肺、气管、胸腔、横膈膜构成的，能呼出气流，气流是语音的动力。肺是呼吸气流的活动风箱，肺部呼出的气流，通过支气管、气管到达喉头，使声带颤动，发出微弱的声音，经过咽腔、口腔、鼻腔这些共鸣器的扩大和其他发音器官的调节，发出各种不同的语音。吸进的气流也能发出吸气音。

2. 喉头和声带

喉头由甲状软骨、环状软骨和两块杓状软骨组成。声带位于喉头的中间，是两片富有弹性的带状薄膜。声带前端附着在甲状软骨上，后端分别跟左右两块杓状软骨相连结。两片声带之间的空隙叫声门。肌肉收缩，杓状软骨活动起来，可使声带放松（变厚）或拉紧（变薄），又可使声门打开或关闭。呼出的气流通过声门使声带颤动发出声音，控制声带松紧的变化就可以发出高低不同的声音来。

3. 咽腔、口腔和鼻腔

咽腔下接喉头，上边是鼻腔、口腔。鼻腔和口腔之间有软腭和小舌隔开，软腭和小舌上升时鼻腔闭塞，口腔畅通，这时发出的音在口腔中共鸣，叫作口音。软腭和小舌下垂，口腔阻塞，气流只能从鼻腔呼出，这时发出的音主要在鼻腔中共鸣，叫作鼻音。如果口腔无阻碍，气流同时从鼻腔和口腔呼出，发出的音在口腔和鼻腔共鸣，就叫作鼻化音（也叫半鼻音或口鼻音）。口腔上部可分为上唇、上齿、齿龈、硬腭和小舌，口腔下部可分为下唇、下齿和舌头三大部分，舌头又可分为舌尖、舌叶、舌面三部分，舌面又分为前、中、后三部分，舌面后习惯称舌根。（如图 2.1 所示）

语音的发出实际上是发音器官各个部位协同工作的结果。肺是发音的动力站，气管是气流的通道；声带是专门用来发音的器官；口腔是发音器官最重要的部分。口腔与鼻腔由软腭和小舌隔开，软腭和小舌的上下活动，可以控制和调节气流，决定气流是由口腔还是由鼻腔通过，并由此形成口音、鼻音或口鼻音。

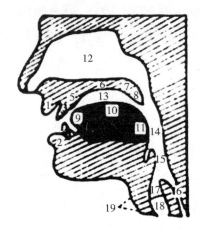

1. 上唇　2. 下唇　3. 上齿　4. 下齿　5. 齿龈　6. 硬腭　7. 软腭

8. 小舌　9. 舌尖　10. 舌面　11. 舌根　12. 鼻腔　13. 口腔

14. 咽头　15. 会厌　16. 食道　17. 气管　18. 声带　19. 喉头

图 2.1　发音器官图

(三) 社会属性

语音具备社会性。从声音和意义的关系看，什么样的声音表达什么样的意义，什么样的意义用什么样的语音形式来表示，这些并不取决于声音和意义本身，而是由社会成员来约定俗成。不同的语言有不同的约定，不同的民族、同一民族的不同地区等所用语音也都可能各不相同。从语音的系统性来看，一种语言用多少种声音，用什么样的声音作为区别意义的最小声音单位，这些声音如何组合等，也是由社会成员来约定俗成。例如俄语语音系统中用来区别意义的声音要比汉语多，如颤音、复辅音等，但汉语中声调作用巨大，送气音和不送气音也有明显区别意义，这也与许多种外语形成了明显的不同。语音的社会性是语音的本质属性。

第二节 发声技能训练

一、用气发声

呼吸是发声的动力。"气乃音之本""气动则声发"。呼出的气息是人体发声的动力，声音的强弱、高低、长短以及共鸣的运用和呼出气息的速度、流量和密度都有直接的关系。气流的变化关系到声音的响亮度、清晰度以及音色的优美圆润、嗓音的持久性及情绪的饱满充沛，也就是说只有在呼吸得到控制的基础上才能谈到对声音的控制。呼吸的作用还不仅仅限于其是发声的动力，它还是一种极为重要的表达手段，是情和声之间必经的桥梁，要使声音能够自如地表情达意，那么我们必须学会对呼吸的控制和运用。采用正确的呼吸方式，掌握科学的呼吸控制技能，对于从事语言工作的人们大有裨益。

日常生活中，人们的呼吸是一种在神经反射作用下的下意识活动，是一种单纯的胸式呼吸法。这种呼吸方法吸气少，不能有目的地加以控制，远远不能满足教师长时间连续讲课的需要，也难以得到洪亮、圆润、优美的声音。我们应当学会胸腹联合呼吸法，扩大胸腔容量，有效地控制气息，以满足各种口语表达形式发声过程中对气息的需要。胸腹联合呼吸法是靠肋骨和横膈肌的共同运动来实现的。这种呼吸方法，调动胸部肋间肌、横膈肌和腹肌共同参与呼吸，既便于使胸腔全面扩大、肺的容积随之全面扩大，又便于对呼气的气势进行控制和调节。我国戏曲演员所说的"气沉丹田""挺胸收腹"就是这种呼吸法。

（一）"有控制的胸腹联合呼吸法"的要领

姿势：两肩端平，头、颈、腰三点一线，眼睛平视，全身放松。

吸气：以鼻为主，快而轻柔，扩展胸腔，小腹内收，气息内敛，气沉丹田。

呼气：均匀平缓，收紧小腹，控制声门，让气流徐徐吐出。

（二）训练方式

（1）闻花香：想象面前有一盆鲜花，深深地吸进其香气，控制一会儿后缓缓吐出。过程持续约 30 秒。

（2）半打哈欠练习：不张大嘴地打哈欠。吸气最后一刻的感觉同有控制的胸腹联合呼吸的吸气最后一刻的感觉相似。

（3）吹手心：有如做"气功"那样站立，腿微微叉开，肩松头正，目平视，手臂前伸，掌心朝自己面部，用胸腹联合呼吸法做深呼吸，呼吸时徐缓均匀地吹着吐出气息，使手掌心不明显感到气流吹来。达到 30 秒左右为好。

（4）以气推声：训练用气息慢慢地推动声音。从数字 1 数到数字 30。

（5）数葫芦练习：训练气息的持久性。要求字字清晰，速度均匀平稳，有节奏感。

1 个葫芦，2 个葫芦，3 个葫芦……25 个葫芦。

同类练习还有如下几种：

数青蛙

一只青蛙一张嘴，两只眼睛四条腿，扑通一声跳下水。两只青蛙两张嘴，四只眼睛八条腿，扑通、扑通两声跳下水。三只青蛙三张嘴，六只眼睛十二条腿，扑通、扑通、扑通三声跳下水。四只青蛙四张嘴，八只眼睛十六条腿，扑通、扑通、扑通、扑通四声跳下水。五只青蛙五张嘴，十只眼睛二十条腿，扑通、扑通、扑通、扑通、扑通五声跳下水。

数旗

广场上，飘红旗，看你能数多少面旗，一面旗，两面旗，三面旗，四面旗，五面旗，六面旗，七面旗，八面旗，九面旗，十面旗，十面旗，九面旗，八面旗，七面旗，六面旗，五面旗，四面旗，三面旗，两面旗，一面旗。

一树枣儿

出东门，过大桥，大桥底下一树枣儿。拿着竿子去打枣儿，青的多，红的少，一个枣儿、两个枣儿、三个枣儿、四个枣儿、五个枣儿、六个枣儿、七个枣儿、八个枣儿、九个枣儿、十个枣儿、九个枣儿、八个枣儿、七个枣儿、六个枣儿、五个枣儿、四个枣儿、三个枣儿、两个枣儿、一个枣儿。这是一绕口令儿，一口气说完才算好。

（三）朗读练习

1. 选些短小、平和、舒缓、轻快的诗词

咏鹅　骆宾王

鹅、鹅、鹅，曲项向天歌。

白毛浮绿水，红掌拨清波。

2. 长句练习

竞选州长

那次做伪证的意图是要从一个贫苦的土著寡妇及其无依无靠的儿女手里夺取一块贫瘠的香蕉园，那是他们失去亲人之后的凄凉生活中唯一的依靠和唯一的生活来源。

发声训练的根本原则是：声音和意义之间，意义永远占主导地位。必须坚持以情运气、以气托声、以声传情的原则，充分发挥情感在发声过程中的作用。

二、共鸣控制

人的共鸣腔体主要是口腔、鼻腔、咽腔、喉腔和胸腔。在口语表达中，人们主要运用的是以口腔为主，口腔、胸腔、鼻腔三腔共鸣的方式。做到口张、喉松、鼻通。

训练方法：比较发口音 ba、pa、da、ta 和 ma、na、la、ga，交替发低音和高音的 a、i、u、e、o。

三、吐字归音训练

吐字归音是我国传统说唱艺术理论中在咬字方法上运用的一个术语。它把一个音节的发音过程分为出字、立字和归音三个阶段。出字要准确有力；立字要拉开立起，圆润饱满；归音趋向要鲜明，干净利落。

训练内容：

（一）绕口令、口部操练习

1. 双唇音练习

八百标兵

八百标兵奔北坡，北坡炮兵并排跑。

炮兵怕把标兵碰，标兵怕碰炮兵炮。

葡萄皮儿

吃葡萄不吐葡萄皮儿，不吃葡萄倒吐葡萄皮儿。

2. 唇舌练习

炖冻豆腐

会炖我的炖冻豆腐，来炖我的炖冻豆腐，不会炖我的炖冻豆腐，就别炖我的炖冻豆腐。要是混充会炖我的炖冻豆腐，炖坏了我的炖冻豆腐，那就吃不成我的炖冻豆腐。

（二）归音练习

一个胖娃娃，画了三个大花活蛤蟆，三个胖娃娃，画了一个大花活蛤蟆，画了一个大花活蛤蟆的三个胖娃娃，真不如画了三个大花活蛤蟆的一个胖娃娃。

（三）诗词练习

水调歌头　苏轼

明月几时有？把酒问青天。不知天上宫阙、今夕是何年？我欲乘风归去，又恐琼楼玉宇，高处不胜寒。起舞弄清影，何似在人间？

转朱阁，低绮户，照无眠。不应有恨、何事长向别时圆？人有悲欢离合，月有阴晴圆缺，此事古难全。但愿人长久，千里共婵娟。

上篇　口语表达基础训练

第三章　普通话辨证

第一节　声母和声母辨证

一、什么是声母

声母是一个音节开头的辅音。例如：hǎo（好）这个音节中辅音 h；有些音节的开头没有辅音，比如：ōu yuán（欧元）、yuè yè（月夜）这四个音节的开头就没有辅音，这叫作零声母音节。普通话中共用到了22 个辅音，而普通话声母只有 21 个，有一个辅音不做声母，这就是 ng，例如：yīng xióng（英雄）。还有一个辅音既可以处在音节的开头也可以处在音节的末尾，如：nán（南），在开头的 n 为声母，因为它符合声母的条件；处于音节末尾的 n 是韵尾。

二、声母的分类和发音

（一）发音部位

1. 双唇音（上下唇）：b、p、m

2. 唇齿音（上齿、下唇）：f

3. 舌尖前音（舌尖、上齿背）：z、c、s

4. 舌尖中音（舌尖、上齿龈）：d、t、n、l

5. 舌尖后音（舌尖、硬腭前部）：zh、ch、sh、r

6. 舌面音（舌面前部、硬腭）：j、q、x

7. 舌根音（舌根、软腭）：g、k、h

（二）发音方法

声母的发音方法，从以下三个方面来分析：

1. 阻碍方式

根据形成阻碍和消除阻碍的不同方式可以把声母分为塞音、擦音、塞擦音、鼻音、边音五类。

（1）塞音

发音时，发音部位完全闭塞，然后突然打开，爆发成声。有 b、p、d、t、g、k 六个。

（2）擦音

发音时，发音部位造成缝隙，气流从窄缝中挤出，摩擦成声。有 f、h、x、sh、r、s 六个。

（3）塞擦音

发音时，由塞音和擦音结合而成，先堵塞后摩擦。有 j、q、zh、ch、z、c 六个。

（4）鼻音

发音时，气流从鼻腔通过。有 m、n 两个。

（5）边音

发音时，气流从舌头两边通过。只有 l 一个。

2. 根据声带是否振动，可以把声母分为清音和浊音两类

（1）清音：发音时声带不振动。普通话共有 17 个清声母：b、p、f、d、t、g、k、h、j、q、x、zh、ch、sh、z、c、s。

（2）浊音：发音时声带振动。普通话中共有 4 个浊声母：m、n、l、r。

3. 根据气流的强弱，可以把声母中的塞音和塞擦音分为以下两类

（1）送气音：发音时气流强，普通话中共有 6 个送气音：p、t、k、c、ch、q。

（2）不送气音：发音时气流弱，普通话有 6 个不送气音：b、d、g、z、zh、j。

（3）普通话 21 个辅音声母的发音条件：

_b_：双唇、不送气、清、塞音

发音时上唇、下唇闭紧，形成阻碍，软腭上升，关闭鼻腔通道，声带不振动，气流较弱，一下冲破双唇阻碍，爆发成声。

  摆布（bǎibù）   标兵（biāobīng）

  褒贬（bāobiǎn）   辨别（biànbié）

  冰雹（bīngbáo）   奔波（bēnbō）

_p_：双唇、送气、清、塞音

发音时上唇、下唇闭紧，形成阻碍，软腭上升，关闭鼻腔通道，声带不振动，气流较强，一下冲破双唇阻碍，爆发成声。

  批评（pīpíng）   偏旁（piānpáng）

  匹配（pǐpèi）   乒乓（pīngpāng）

  铺平（pūpíng）   品评（pǐnpíng）

_m_：双唇、浊、鼻音

发音时上唇、下唇闭紧，软腭下降，关闭口腔通道，打开鼻腔通道，气流振动声带，并从鼻腔冲出成声。

面貌（miànmào）　　　　麦苗（màimiáo）

眉目（méimù）　　　　　命名（mìngmíng）

牧民（mùmín）　　　　　明媚（míngmèi）

f：唇齿、清、擦音

发音时下唇略内收，靠近上齿，形成一条窄缝，软腭上升，关闭鼻腔通道，声带不振动，气流从唇齿间的窄缝中挤出，摩擦成声。

丰富（fēngfù）　　　　　奋发（fènfā）

仿佛（fǎngfú）　　　　　肺腑（fèifǔ）

反复（fǎnfù）　　　　　芬芳（fēnfāng）

z：舌尖前、不送气、清、塞擦音

发音时舌尖轻轻抵住上齿背，软腭上升，关闭鼻腔通道，声带不振动，气流较弱，首先冲开一条窄缝，然后再从窄缝中挤出，摩擦成声。

祖宗（zǔzong）　　　　　自尊（zìzūn）

罪责（zuìzé）　　　　　总则（zǒngzé）

宗族（zōngzú）　　　　　最早（zuìzǎo）

c：舌尖前、送气、清、塞擦音

发音时舌尖轻轻抵住上齿背，软腭上升，关闭鼻腔通道，声带不振动，气流较强，首先冲开一条窄缝，然后再从窄缝中挤出，摩擦成声。

猜测（cāicè）　　　　　措辞（cuòcí）

从此（cóngcǐ）　　　　　参差（cēncī）

层次（céngcì）　　　　　残存（cáncún）

s：舌尖前、清、擦音

发音时舌尖接近上齿背，形成一条窄缝，软腭上升，关闭鼻腔通道，声带不振动，气流从窄缝中挤出，摩擦成声。

琐碎（suǒsuì）　　　　　洒扫（sǎsǎo）

色素（sèsù）　　　　　搜索（sōusuǒ）

松散（sōngsǎn）　　　　诉讼（sùsòng）

d：舌尖中、不送气、清、塞音

发音时舌尖抵住上齿龈，形成阻碍，软腭上升，关闭鼻腔通道，声带不振动，气流较弱，一下冲破阻碍，爆发成声。

带动（dàidòng）　　　　达到（dádào）

单调（dāndiào）　　　　道德（dàodé）

担当（dāndāng）　　　　断定（duàndìng）

t：舌尖中、送气、清、塞音

发音时舌尖抵住上齿龈，形成阻碍、软腭上升，关闭鼻腔通道，声带不振动，气流较强，一下冲破阻碍，爆发成声。

团体（tuántǐ）　　　　体贴（tǐtiē）

探讨（tàntǎo）　　　　淘汰（táotài）

抬头（táitóu）　　　　推托（tuītuō）

n：舌尖中、浊、鼻音

发音时舌尖抵住上齿龈，软腭下降，关闭口腔通道，打开鼻腔通道，气流振动声带，并从鼻腔冲出成声。

男女（nánnǚ）　　　　恼怒（nǎonù）

能耐（néngnài）　　　　泥泞（nínìng）

南宁（nánníng）　　　　牛奶（niúnǎi）

l：舌尖中、浊、边音

发音时舌尖抵住上齿龈（略后），舌头两侧要有空隙，软腭上升，关闭鼻腔通道，气流振动声带，并经舌头两边从口腔冲出成声。

浏览（liúlǎn）　　　　流利（liúlì）

来临（láilín）　　　　玲珑（línglóng）

理论（lǐlùn）　　　　磊落（lěiluò）

zh：舌尖后、不送气、清、塞擦音

发音时舌尖上翘，抵住硬腭前部，软腭上升，关闭鼻腔通道，声带不振动，气流较弱，首先将阻碍冲开一条窄缝，然后经窄缝摩擦成声。

终止（zhōngzhǐ）　　　　主张（zhǔzhāng）

制止（zhìzhǐ）　　　　　争执（zhēngzhí）

周折（zhōuzhé）　　　　追逐（zhuīzhú）

ch：舌尖后、送气、清、塞擦音

发音时舌尖上翘，抵住硬腭前部，软腭上升，关闭鼻腔通道，声带不振动，气流较强，首先将阻碍冲开一条窄缝，然后经窄缝摩擦成声。

城池（chéngchí）　　　　抽查（chōuchá）

唇齿（chúnchǐ）　　　　惩处（chéngchǔ）

穿插（chuānchā）　　　　车床（chēchuáng）

sh：舌尖后、清、擦音

发音时舌尖上翘，接近硬腭前部，形成窄缝，软腭上升，关闭鼻腔通道，声带不振动，气流从窄缝中挤出，摩擦成声。

舒适（shūshì）　　　　　手术（shǒushù）

事实（shìshí）　　　　　闪烁（shǎnshuò）

硕士（shuòshì）　　　　设施（shèshī）

r：舌尖后、浊、擦音

发音时舌尖上翘，接近硬腭前部，形成窄缝，软腭上升，关闭鼻腔通道，声带振动，气流从窄缝中挤出，摩擦成声。

柔软（róuruǎn）　　　　忍让（rěnràng）

荣辱（róngrǔ）　　　　　软弱（ruǎnruò）

仍然（réngrán）　　　　容忍（róngrěn）

j：舌面、不送气、清、塞擦音

发音时，舌面前部抵住硬腭前部，软腭上升堵塞鼻腔通路，声带不

颤动，较弱的气流把阻碍冲开，形成一条窄缝，气流从窄缝中挤出，摩擦成声。

即将（jíjiāng）　　　　借鉴（jièjiàn）

季节（jìjié）　　　　　讲解（jiǎngjiě）

积极（jījí）　　　　　经济（jīngjì）

q：舌面、送气、清、塞擦音

发音时，舌面前部抵住硬腭前部，软腭上升堵塞鼻腔通路，声带不颤动，较强的气流把阻碍冲开，形成一条窄缝，气流从窄缝中挤出，摩擦成声。

确切（quèqiè）　　　　轻巧（qīngqiǎo）

情趣（qíngqù）　　　　齐全（qíquán）

崎岖（qíqū）　　　　　请求（qǐngqiú）

x：舌面、清、擦音

发音时，舌面前部接近硬腭前部，留出窄缝，软腭上升，堵塞鼻腔通路，声带不颤动，气流从窄缝中挤出，摩擦成声。

虚心（xūxīn）　　　　现象（xiànxiàng）

选修（xuǎnxiū）　　　先行（xiānxíng）

相信（xiāngxìn）　　　学习（xuéxí）

g：舌根、不送气、清、塞音

发音时，舌根抵住软腭，软腭后部上升，堵塞鼻腔通路，声带不颤动，较弱的气流冲破舌根的阻碍，爆发成声。

改革（gǎigé）　　　　高贵（gāoguì）

光顾（guānggù）　　　国歌（guógē）

公共（gōnggòng）　　　巩固（gǒnggù）

k：舌根、送气、清、塞音

发音时，舌根抵住软腭，软腭后部上升，堵塞鼻腔通路，声带不颤动，较强的气流冲破舌根的阻碍，爆发成声。

开阔（kāikuò）　　　　慷慨（kāngkǎi）

刻苦（kèkǔ）　　　　　空旷（kōngkuàng）

可靠（kěkào）　　　　　夸口（kuākǒu）

h：舌根、清、擦音

发音时，舌根接近软腭，留出窄缝，软腭上升，堵塞鼻腔通路，声带不颤动，气流从窄缝中摩擦出来。

辉煌（huīhuáng）　　　欢呼（huānhū）

花卉（huāhuì）　　　　挥霍（huīhuò）

航海（hánghǎi）　　　　黄河（huánghé）

综合训练

1. z、c、s 词语训练

总则	罪责	曾祖	宗族	造作	栽赃	走卒	藏族	自在	在座
参差	此次	层次	粗糙	草丛	猜测	仓促	措辞	苍翠	从此
松散	思索	速算	琐碎	诉讼	搜索	色素	僧俗	撕碎	四散

2. zh、ch、sh 词语训练

整治	招致	着装	转折	真挚	茁壮	种植	中指	纸张	周折
车床	驰骋	惆怅	惩处	出差	戳穿	拆除	初春	踌躇	充斥
设施	舒适	施舍	适时	摄氏	神圣	闪烁	诗史	述说	声势

3. 平翘舌混合词语训练

z-zh	自治	尊重	增长	做主	资助	宗旨	组长	在职	作者
zh-z	制造	准则	种族	转载	渣滓	铸造	沼泽	知足	赈灾
c-ch	促成	操场	财产	此处	磁场	辞呈	采茶	存储	测出
ch-c	纯粹	储藏	差错	尺寸	车次	揣测	蠢材	冲刺	除草
s-sh	松树	宿舍	算术	损失	诉说	琐事	虽说	丧失	所属
sh-s	收缩	山色	十四	申诉	哨所	输送	疏散	世俗	深思

4. 绕口令训练

（1）一平盆面，烙一平盆饼，饼碰盆，盆碰饼。

（2）白庙外蹲一只白猫，白庙里有一顶白帽。白庙外的白猫看见了白庙里的白帽，叼着白庙里的白帽跑出了白庙。

（3）念一念，练一练，n、l 的发音要分辨。l 是边音软腭升，n 是鼻音舌靠前。你来练，我来念，不怕累，不怕难，齐努力，攻难关。

（4）白石塔，白石搭，白石搭白塔，白塔白石搭。搭好白石塔，白塔高又大。

（5）四是四，十是十，十四是十四，四十是四十。十四不是"实事"，四十不是"细席"。要想说对四，舌头碰牙齿；要想说对十，舌头别伸直。

三、声母辨证

以山东方言为例。山东方言的声母和普通话声母存在着许多差异，正是这些差异成了山东人学习普通话的难点。如鲁西南部分地区的人分不清 z、c、s 和 zh、ch、sh；胶东人分不清 r 声母和零声母等。辨证时，应通过对方言和普通话声母的对照和辨别，找出二者的对应规律，进行有针对性的练习，以便于迅速、有效地掌握普通话声母的发音。

（一）读准舌尖前音 z、c、s

主要是从发音部位的角度来掌握

z、c、s：舌尖+上齿背

发音时舌尖轻轻抵住上齿背，软腭上升，关闭鼻腔通道，声带不振动，气流较弱，首先冲开一条窄缝，然后再从窄缝中挤出，摩擦成声。

（二）分辨舌尖前音 z、c、s 和舌尖后音 zh、ch、sh

在普通话里，舌尖前音（又叫平舌音）z、c、s 与舌尖后音（又叫翘舌音）zh、ch、sh 分得很清楚，如"鱼刺"和"鱼翅"、"粗布"和"初步"。可是在山东方言中，许多地方却存在着平翘不分的现象。我们可以采取如下三种方法来帮助分辨。

1. 寻找对应规律

普通话里声母和韵母的拼合是有一定规律可循的，例如，韵母"uai、uang、ua"只拼翘舌音"zh、ch、sh"，不拼平舌音"z、c、s"。因此，"爪、耍、拽、踹、摔、装、窗、霜"等汉字的声母一定是翘舌音"zh、ch、sh"；再如普通话里平舌音"s"可以拼韵母"ong"，而翘舌音"sh"就不能。因此，"松、耸、宋、颂、诵"等汉字的声母一定是平舌音"s"。

2. 利用形声字的声旁来推测正确读音（只限于某类字）

形声字在汉字里所占比例较大，一般来说，声旁能代表字音，因此我们可以用声旁来推出许多字的读音。如"至"是翘舌音，那么，以"至"作声旁组成的汉字，其声母也应是翘舌音，如：侄 zhí、室 shì、致 zhì、窒 zhì、桎 zhì 等。再如"次"是平舌音，那么，以"次"作声旁组成的汉字，其声母也应是平舌音，如：资 zī、姿 zī、咨 zī、谘 zī、恣 zì、瓷 cí 等。

3. 记少不记多

普通话常用字中，翘舌音的数量远远大于平舌音，平翘之比大约是 3∶7，所以，只要记住平舌音音节，剩下的自然是翘舌音音节了。如："zha+za"音共有 50 多个音节，读"za"音的只有 9 个，常用的只有匝、扎、砸、杂、咋这 5 个，因此，其余的便可推知为翘舌音了。

（三）读准 r 声母

普通话的 r 声母字在山东部分方言中的读音与普通话有较大分歧，应注意纠正。分歧主要有三种情况：

1. 淄博、广饶、章丘等地把 r 读作 l。例如：rou—lou（音同"漏"）、让 rang—lang（音同"浪"）、饶 rao—lao（音同"劳"）。（试读：广饶人，人多、肉少，让着吃。）此外，济南人在读 r 声母与合口呼韵拼成的音节时也将 r 读成了 l，例如：如 ru—lu（音同"炉"）、若 ruo—luo（音同"落"）。

2. 烟台、青岛及潍坊东部等鲁东地区，把 r 声母读作零声母，韵母也由开口呼、合口呼变为齐齿呼和撮口呼。例如：肉 rou—you（音同"又"）、乳 ru—yu（音同"雨"）。（试读：你给了肉钱，没给油钱；给了油钱，没给肉钱。）

3. 鲁西南的济宁、兖州、宁阳、鱼台等地则把 r 声母读作舌尖浊擦音 [z]。例如：人 ren—zen，如 ru—zu 等。

普通话 r 声母字不多，常用的只有五六十个，只要记住了这些字，也就能读准 r 声母了。

r 的常用字：

然（燃）、染、嚷（瓤、攘、壤）、让、饶、扰、绕、热、惹、人、仁、任、妊、认、刃（韧、纫、仞、忍）、仍、扔、日、荣、融、容（溶、熔、蓉、榕）、肉、如、戎（绒）、柔（揉、糅、蹂）、乳、软、阮、瑞、锐、若（偌）、弱、儒（蠕、孺、嚅、濡）、辱（褥）、蕊、冗、闰（润）

（四）读准 j、q、x

普通话 j、q、x 声母字，在山东部分方言中分读为两类不同的声母，这就是所谓的"分尖团音"问题。例如："见"和"箭"，"轻"和"清"，"效"和"笑"三组字，在普通话里每一组的两个字的声母都相同，分别为 j、q、x，而在山东方言分尖团音的地区却每一组的两个字都区分为两类不同的声母（"尖音"和"团音"）。山东话里分尖团音的地区，对尖音的实际读音主要有以下几种类型：鲁西南的菏泽、曹县、冠县，鲁北的广饶、利津、滨州等地，尖音为 z、c、s，团音为 j、q、x；胶东的烟台、福山、莱阳等地，尖音为 j、q、x，团音为舌面中音 [c]、[c']、[ç]；鲁东南的胶南、日照等地，尖音为齿间音 [tθ]、[tθ']、[θ]，团音为舌叶音 [tʃ]、[tʃ']、[ʃ] 等。山东方言中的尖团音与普通话声母 j、q、x 的对应关系，有的比较简单，如菏泽、利津等地，只要把"尖音"改读为"团音"就与普通话一致了。而在烟台、日照等地情况就比较复杂，如烟台话不仅"团音"读成了舌面中音 [c]、[c']、[ç]，而且读 j、q、x 的尖音还存在着与部分翘舌音字合流的问题。因此，对烟台话来说，要读准普通话的 j、q、x 声母字，首先应将与翘舌音合流的尖音字分离出来，再将"团音"字由舌面中音改读为舌面前音声母，最后将"尖、团"两类字都读为 j、q、x 声母。粤方言、闽方言、湘方言及吴方言区会出现 zh、ch、sh 和 j、q、x 声母混用的情况，如把"知道"读成"机道"，"少数"读成"小数"等。北方方言、吴方言及湘方言区中的一些人，常常把 j、q、x 发成 z、c、s，把团音（即声母 j、q、x 跟 i、ü 或以 i、ü 起头的韵母相拼）发成尖音（即声母 z、c、s 跟 i、ü 或以 i、ü 起头的韵母相拼）。如把"九 jiǔ"读成"ziǔ"，其实普通话不分尖团。声母 z、c、s 是不能和 i、ü 或 i、ü 起头的韵母相拼，而 j、q、x 则可以。产生这种错误的主要原因是舌面前音 j、q、x 是由舌面前部与硬腭形成阻碍而发声的，有些人在发音时，成阻、除阻的部位太靠近舌尖，发出的音带有"刺刺"的舌尖音的味道，属于语音缺陷。

zh、ch、sh 和 j、q、x 对比辨音练习：

墨迹 jì—墨汁 zhī　　　　　交际 jì—交织 zhī

密集 jí—密植 zhí　　　　　边际 jì—编制 zhì

就 jiù 业—昼 zhòu 夜　　　　浅 qiǎn 明—阐 chǎn 明

砖墙 qiáng—专长 cháng

（五）读准零声母

普通话里有一部分音节是韵母自成的音节，我们称之为零声母音节。零声母音节中不出现辅音声母。但是在山东方言中，一些地区却在开口呼的零声母音节前带上了辅音声母，如鲁北等地带上了舌根浊鼻音 ng，鲁西等地带上了舌根浊擦音〔η〕等。这样，普通话部分零声母字在山东话中就读成了带辅音声母的音节，如："恩爱 ēn ài"就被读作"ngennai"或是"〔η〕en〔η〕ai"。纠正时，只要记住普通话里所有的以 a、o、e 开头的开口呼零声母音节，读时去掉 ng 或〔η〕即可。

另外，济南、德州及惠民、淄博、潍坊、临沂、聊城等地市的部分地区的人在读普通话的合口呼零声母字时，在音节开头带上了轻微的唇齿浊擦音 v。如："五 wǔ"被读作"vǔ"等。纠正时，只要去掉唇齿音 v，改读为合口呼音节即可。

爱心—耐心　　傲气—闹气　　大袄—大脑

发案—发难　　鳌头—挠头　　矮马—奶妈

四、实践训练

1. 克服尖音的练习

经济	迹象	即将	寂静	尖细	姐姐	进取	精心	酒精	聚集
积习	剪辑	渐进	将就	匠心	接济	尽情	聚焦	就寝	绝迹
俊俏	积极	齐全	恰巧	迁就	前线	悄悄	亲切	清新	情节

情绪	取消	全集	七绝	凄切	娶亲	取笑	秋千	前进	抢先
亲信	侵袭	清静	情趣	倾斜	现象	喜讯	细心	细节	汛情
先进	相信	详细	消息	想象	小姐	肖像	谢绝	新鲜	信息
新星	选集	选修	小瞧	心绪	信笺	醒酒	绣像	循序	迅即

2. 零声母音节的练习

安稳	弯曲	恩爱	熬夜	耳闻	偶尔	以为	义务	意外	遗忘
演员	摇曳	夜晚	因而	友爱	午夜	外衣	晚安	唯一	巍峨
威严	委员	文艺	愉悦	愿望	灭亡	慰问	保卫	瓦房	额头

3. r、l 对比辨音练习

碧蓝—必然	娱乐—余热	阻拦—阻燃	囚牢—求饶	卤质—乳汁
露馅—肉馅	近路—进入	流露—流入	衰落—衰弱	脸色—染色
收录—收入	绒子—聋子			

| 锐利 | 日历 | 扰乱 | 热烈 | 认领 | 容量 | 人力 | 日落 | 让路 | 热浪 |
| 老人 | 烈日 | 例如 | 利刃 | 来人 | 利润 | 留任 | 炼乳 | 列入 | 礼让 |

4. z、c、s 的练习

四十四个字和词，

组成了一首 z、c、s 的绕口词。

桃子李子梨子栗子橘子柿子槟子榛子，

栽满院子村子和寨子。

刀子斧子锯子凿子锤子刨子尺子，

做出桌子椅子和箱子。

名词动词数词量词代词副词助词连词，

造成语词诗词和唱词。

蚕丝生丝熟丝缫丝染丝晒丝纺丝织丝，

自制粗丝细丝人造丝。

5. j、q、x 的练习

七巷一个漆匠，西巷一个锡匠，

七巷漆匠偷了西巷锡匠的锡，

西巷锡匠拿了七巷漆匠的漆，

七巷漆匠气西巷锡匠偷了漆，

西巷锡匠讥七巷漆匠拿了锡。

请问锡匠和漆匠，

谁拿谁的锡？

谁偷谁的漆？

6. 绕口令训练

（1）z-zh：隔着窗户撕字纸，一次撕下横字纸，一次撕下竖字纸，是字纸撕字纸，不是字纸，不要胡乱撕一地纸（《撕字纸》）。

（2）s-sh：三山撑四水，四水绕三山，三山四水春常在，四水三山四时春（《三山撑四水》）。

（3）zh、ch、sh：大车拉小车，小车拉小石头，石头掉下来，砸了小脚趾头（《大车拉小车》）。

（4）f、h：风吹灰飞，灰飞花上花堆灰，风吹花灰灰飞去，灰在风里飞又飞。

五、技能提高

（一）说词语

初级：大声说 20 遍（红凤凰）

中级：大声说 20 遍（粉红凤凰）

（二）说句子

1. 初入江湖：化肥会挥发

2. 小有名气：黑化肥发灰，灰化肥发黑

3. 名动一方：黑化肥发灰会挥发，灰化肥挥发会发黑

4. 天下闻名：黑化肥挥发发灰会花飞，灰化肥挥发发黑会飞花

5. 一代宗师：黑灰化肥会挥发发灰黑讳为花飞，灰黑化肥会挥发发黑灰为讳飞花

6. 超凡入圣：黑灰化肥灰会挥发发灰黑讳为黑灰花会飞，灰黑化肥会会挥发发黑灰为讳飞花化为灰

7. 天外飞仙：黑化黑灰化肥灰会挥发发灰黑讳为黑灰花会回飞，灰化灰黑化肥会挥发发黑灰为讳飞花化为灰

第二节　韵母和韵母辨证

一、韵母的定义

韵母，就是一个音节中声母后面的部分。

普通话有 39 个韵母，大部分由元音构成，有的由元音加上鼻辅音 n 或 ng 构成。

二、韵母的分类

按照内部成分和结构特点，可以把韵母分为单韵母、复韵母和鼻韵母。

根据韵头的有无和不同，可以把韵母分成以下四类：开口呼韵母、

齐齿呼韵母、合口呼韵母和撮口呼韵母。

（一）单韵母

定义：由一个单元音充当的韵母叫单元音韵母。

普通话有 10 个单韵母，它们是 a、o、e、ê、i、u、ü、-i（前）、-i（后）、er。其中除-i（前）、-i（后）外都能自成音节。

发音特点：舌位、口型始终保持一致。

分类 { 舌面单韵母：a、o、e、ê、i、u、ü
舌尖单韵母：-i（前）-i（后）
卷舌单韵母：er

发音描述：

a：口要大开，要改变发音时不开口的习惯；舌头自然放平。

o：上下唇要拢圆，舌身后缩。

e：口微开，嘴角微微向两边拉动。

ê：多在 ie、üe 中出现，单用的时候不多，只有一个字"欸"。

i：舌尖抵住下齿背，舌面前部隆起，双唇成扁平形。

u：舌头后缩，舌面后部隆起，双唇拢圆。

ü：把握住一点，即双唇拢圆，略向前突，上下唇间留一扁圆小孔。

i、u、ü 的练习：i——u——ü——i——u——i——ü，一展一圆，一圆一展，动作要到位，先慢后快。

词语练习

a：沙发　大麻　发达　拉萨　麻辣　喇叭

o：薄膜　磨破　磨墨　伯伯　默默　婆婆

e：合格　客车　特色　隔阂　割舍　苛刻

ê：解决　姐姐　确切　血液　雀跃

i：地理　笔记　集体　积极　利益　习题

u：树木　图书　互助　祝福　朴素　输出　粗鲁

ü：区域　旅居　女婿　豫剧　聚居　絮语

-i（前）：自私　此次　子嗣　恣肆　私自

-i（后）：支持　实施　知识　实质　事实

er：儿童　而且　耳朵　二十

练习

绕口令：读好 i 韵母。

一二三，三二一，一二三四五六七，七六五四三二一。七个姑娘来聚齐，七只花篮手中提，摘的是橙子、橘子、柿子、李子、梨子和栗子。

读好 o、uo。

打南坡走来个老婆婆，两手托着两筐笸箩。左手托着的筐笸箩装的是菠萝，右手托着的筐笸箩装的是萝卜。你说说，是老婆婆左手托着的筐笸箩装的菠萝多，还是老婆婆右手托的筐笸箩装的萝卜多？说得对送你一筐笸箩菠萝，说不对不给菠萝也不给萝卜，罚你替老婆婆把装菠萝的筐笸箩和装萝卜的筐笸箩送到大北坡。

（二）复韵母

定义：由两个或三个元音构成的韵母。普通话共 13 个复韵母。

发音特点：是从一个元音滑向另一个元音。在滑动的过程中，舌位、口形都逐渐变动而气流不中断，使发音过程成为一个整体。

复韵母的结构：韵头、韵腹、韵尾

分类：

$$根据韵腹的位置\begin{cases}前响复韵母\\中响复韵母\\后响复韵母\end{cases}$$

前响复韵母：韵腹在前。韵母前部发音响亮。

共 4 个：

ai：a——i

| 海外 | 开采 | 白菜 | 灾害 | 买卖 |
| 再来 | 改派 | 卖呆 | 派差 | 百态 |

ei：e——i

| 妹妹 | 配备 | 黑被 | 飞泪 | 给费 |
| 美味 | 碑内 | 北美 | 废雷 | 黑煤 |

ao：a——o

| 报道 | 操刀 | 搞好 | 号召 | 劳保 |
| 包抄 | 报到 | 宝岛 | 造炮 | 早操 |

ou：o——u

| 口头 | 后楼 | 漏斗 | 优厚 | 邮购 |
| 抽头 | 守候 | 手头 | 梳头 | 后手 |

前响复韵母的总的特点是前响后轻。在整个发音过程中，要注意口形由开到合的变化。

练习：

1. ai—ei

排场—赔偿　分派—分配　小麦—小妹
摆布—北部　奈何—内河　卖力—魅力
来生—雷声　安排—安培　埋头—眉头
稗子—被子　买光—镁光　再来—贼来

2. ao—ou

稻子—豆子　考试—口试　病号—病后
高洁—勾结　号叫—吼叫　小赵—小周
烧了—收了　毛利—牟利　牢房—楼房

老人—搂人　桃子—头子　线袄—鲜藕

后响复韵母：韵腹在后。韵母后部发音响亮。共5个：

ia：i——a

| 家家 | 下家 | 恰恰 | 海峡 | 加班 |
| 嘉奖 | 请假 | 庄稼 | 廉价 | 脸颊 |

ie：i——e

| 姐姐 | 切切 | 谢谢 | 总结 | 协作 |
| 小结 | 大街 | 嫁接 | 假借 | 佳节 |

ua：u——a

| 画画 | 挂花 | 中华 | 西瓜 | 滑冰 |
| 傻瓜 | 刮风 | 挂号 | 跨越 | 打垮 |

uo：u——o

| 国货 | 过错 | 脱落 | 过火 | 活络 |
| 错过 | 骆驼 | 陀螺 | 蹉跎 | 堕落 |

üe：ü——e

| 约略 | 绝学 | 缺血 | 挖掘 | 解决 |
| 觉察 | 退却 | 角色 | 确定 | 削弱 |

后响复韵母的特点是前轻后响，注意口形变化。

练习：

1. e—ie

折断—截断　黑蛇—黑鞋　侧面—切面

2. a—ua

扎紧—抓紧

3. ua—uo

挂着—过着　滑动—活动　抓住—捉住

中响复韵母：三个韵母构成。共4个：

iao：i——a——o

| 秒表 | 交际 | 寥寥 | 标校 | 校表 |
| 萧条 | 交缴 | 料峭 | 娇巧 | 渺小 |

iou：i——o——u （iu）

| 久久 | 丢牛 | 修旧 | 救球 | 琉球 |
| 绣球 | 牛油 | 旧球 | 悠久 | 有救 |

uai：u——a——i

| 外快 | 拐卖 | 欢快 | 外来 | 鬼怪 |
| 怀揣 | 乖乖 | 财会 | 碗筷 | 将帅 |

uei：u——e——i （ui）

| 回归 | 最会 | 对嘴 | 吹灰 | 会徽 |
| 会飞 | 兑水 | 收税 | 悔罪 | 回嘴 |

中响复韵母特点中间响前后轻，口形变化两次。

练习：

iao—iou

求教—求救　摇动—游动　药片—诱骗

耀眼—右眼　生效—生锈　角楼—酒楼

消息—休息　铁桥—铁球

uai—uei

怪人—贵人　外来—未来　拐子—鬼子

怀乡—回乡　坏了—会了　甩手—水手

绕口令练习：

ao—iao—iou

铜勺舀热油，铁勺舀凉油；铜勺舀了热油舀凉油，铁勺舀了凉油舀热油。

ao—iao—ou—iou

咱村有六十六条沟，沟沟都是大丰收。东山果园像彩楼，西山棉田似锦绣，北山有条红旗渠，滚滚清泉绕山走。过去瞅见这六十六条沟，心里就难受；今天瞅见这六十六条彩楼、锦绣、万宝沟，瞅也瞅不够！

（三）鼻韵母

定义：由元音加鼻辅音作韵尾构成的韵母。

发音特点：由发元音向发鼻辅音逐渐变动，前后连成一体，由元音的发音状态变为不除阻的鼻音收尾。

分类 { 前鼻音韵母 后鼻音韵母

1. 前鼻音韵母

定义：元音与舌尖鼻辅音 n 构成的韵母。

发音特点：由元音开始，然后舌尖抵住上齿龈，使气流从鼻腔出来。

共 8 个前鼻音韵母。

（1）一个元音+n

an：a——n	汗衫	橄榄	灿烂	谈判	感染	散漫
en：e——n	深圳	人参	本分	深沉	认真	根本
in：i——n	金银	禁品	信心	辛勤	引进	贫民
ün：ü——n	均匀	军训	逡巡	芸芸	音韵	遵循

（2）两个元音+n

ian：i——a——n	电线	天边	偏见	艰险	片面	显眼
uan：u——a——n	专款	婉转	宦官	贯穿	转弯	软缎
üan：ü——a——n	源泉	全院	圆圈	渊源	涓涓	席卷
uen：u——e——n	温顺	温存	昆仑	论文	分寸	春笋

2. 后鼻音韵母

定义：由元音与鼻辅音 ng 构成的韵母。

发音特点：由元音开始，然后舌根抬起，抵住软腭，使气流改从鼻腔中出来。

共 8 个后鼻音韵母。

（1）一个元音+ng

ang：a——ng　　厂长　商场　党章　帮忙　上当　沧桑

eng：e——ng　　风筝　丰盛　更正　生成　征程　整风

ing：i——ng　　姓名　命令　行星　清明　宁静　评定

ong：o——ng　　工农　总统　公众　从容　冲动　隆重

（2）两个元音+ng

iang：i——a——ng

湘江　响亮　两样　想象　向阳　踉跄

uang：u——a——ng

装潢　慌忙　狂妄　矿床　双簧　状况

ueng：u——e——ng

嗡嗡　渔翁　水瓮　蓊蓊

iong：i——o——ng

汹涌　炯炯　茕茕　歌咏　弟兄　运用

词语对比练习

an—ang

开饭—开放　担心—当心　一半——磅　烂漫—浪漫

赞歌—葬歌　三叶—桑叶　反问—访问　天坛—天堂

en—eng

身世—声势　陈旧—成就　三根—三更　诊治—整治

木盆—木棚　申明—声明　瓜分—刮风　清真—清蒸

an—en

战士—阵势　　翻身—分身　　遗憾—遗恨　　盘子—盆子

板子—本子　　寒冷—很冷

ang—eng

长度—程度　　商人—生人　　东方—东风　　长工—成功

in—ing

人民—人名　　不信—不幸　　辛勤—心情　　亲近—清净

ian—iang

险象—想象　　简历—奖励　　坚硬—僵硬　　鲜花—香花

uan—uang

机关—激光　　专车—装车　　大碗—大网　　环球—黄球

ün—iong

运费—用费　　晕车—用车　　因循—英雄　　勋章—胸章

绕口令练习：

an—ang—uan

城隍庙里俩判官，左边是潘判官，右边是庞判官。不是潘判官管庞判官，而是庞判官管潘判官。

ang—iang

辛厂长，申厂长，同乡不同行。辛厂长声声讲生产，申厂长常常闹思想。辛厂长一心只想革新厂，申厂长满口只讲加薪饷。

en—eng—ing—ong

东洞庭，西洞庭，洞庭山上一根藤，青青藤条挂金铃。风起藤动金铃响，风定藤定铃不鸣。

en—eng

老彭拿着一个盆，跨过老陈住的棚；盆碰棚，棚碰盆，棚倒盆碎棚压盆。

en—eng

陈是陈，程是程，姓陈不能说成姓程，姓程也不能说成姓陈。禾旁是程，耳朵是陈。程陈不分，就会认错人。

in—ing

小青和小琴，小琴手很勤，小青人很精，手勤人精，琴勤青精，你学小琴还是小青？

in—ing

同姓不能念成通信，通信也不能念成同姓。同姓可以互相通信，通信可不一定同姓。

an—ian—ang

扁担长，板凳宽，扁担没有板凳宽，板凳没有扁担长。扁担绑在板凳上，板凳不让扁担绑在板凳上，扁担偏要绑在板凳上。

三、韵母的方音辨证

仍以山东方言为例。山东方言韵母和普通话韵母同样存在着许多差异，比如有的韵母方言中有，普通话中没有，如西南方言中的 io 和 uě、山东方言中的 iai 等；有的韵母普通话中有而方言里没有，如 uo、eng、ing、ueng 等；还有的是方言的一个韵母，对应的是普通话里的两个或者更多韵母，如山东话里的 ei 韵字特别多，对应的普通话韵母分别是 ai、e、i、o 和 ei；或者是方言的多个韵母相当于普通话的一个韵母；等等。以上这些问题，是由于方言语音系统自身发展的不同规律造成的。在学习中，要认真辨析，重点把握。下面，对几个主要问题进行辨证。

（一）注意发准鼻韵母

很多山东人发不准鼻韵母，原因在于鼻尾音的归位问题。解决这个问题，关键在于掌握好韵尾辅音 n 和 ng 的发音。山东大多数人容易把普通话前鼻音韵母读成鼻化元音，如将 an、en、in、un 等母发成 [ã]、[ẽ]、[iẽ]、[yẽ] 等。纠正时，应先发元音，然后软腭抬升，舌尖抵住上齿龈，口腔通路阻断，气流从鼻腔通过，发完 n 的本音后除阻。而对于后鼻音韵母，山东人常出现的问题是韵尾 ng 发音部位靠前，鼻音轻短。纠正时，应先发元音，然后软腭下降，舌根抬升，与软腭相触，口腔通路限塞，气流从鼻腔通过，发完 ng 的本音后除阻。

词语训练：注意前鼻音避免发为鼻化音，后鼻音韵母发音要到位。

贪婪　审慎　引进　运用　前年　换算　困顿　源泉　沉浸　谦逊
勤奋　寻根　称心　尊严　春蚕　原本　情景　长廊　轻声　整风
清蒸　盛名　矿藏　嗡嗡　公共　生姜　光明　轻盈　良将　穷凶
成长　平行

（二）防止丢失或添加韵头

普通话里一些有 u 韵头的字，在山东部分方言里被丢掉了韵头，合口呼就变成了开口呼，如"对、醉、发"等字的韵母"uei"变成了"ei"；"尊、吞、孙"等字的韵母"uen"变成了"en"；"断、团、暖、乱"等字的韵母"uan"变成了"an"。相反，普通话里一些开口呼的字，在山东方言里又被添上了韵头 u，如"泪、类、垒、肋"等字的韵母"ei"变成了"uei"。韵头的丢失与添加，使音节的实际读音与普通话相去甚远，因此，应引起足够的重视，认真加以辨证，努力纠正。

词语训练：

愧对　喝醉　年岁　腿脚　尾随　尊重　吞咽　孙村　专断　团队
暖和　纷乱　眼泪　类别　堡垒　肋骨

（三）注意发准卷舌韵母 er

卷舌韵母 er 是南方方言区和北方方言区部分地区的人学习普通话的难点之一。汉语拼音方案用两个字母描写卷舌元音 er，其实 r 不代表独立的音素，只是表示一个卷舌动作。er 的发音是在 [∂] 的基础上，同时卷舌发出的，是舌尖和舌面同时起作用。

词语训练：

而且　儿子　耳朵　二十　尔后　耳屎　而是　幼儿　贰臣　反而　女儿　二胡　儿戏　小二　耳坠儿

（四）正确区分 ei 韵字和非 ei 韵字的发音

山东话中 ei 韵字特别多，这些 ei 韵字有些韵母的确是 ei，但大部分韵母不是 ei，而是 ai、i、o、e，应注意正确区分真正的 ei 韵字，把非 ei 韵字还原。

词语训练：

白色　钢笔　飞贼　布帛　道德　啬啬　住宅　拆除　厄运　革命
手册　彼此　披风　柏林　采摘　狭窄　恩泽　血脉　政策　妹妹
客人　幽默　落魄　苛刻　严格　背包　赔偿　非洲　内外　地雷
供给　羞涩

（五）注意读准圆唇音 o

在山东话中，圆唇音。大多读作复韵母 uo 或者是展唇音 e，辨正时要读准 [o] 可借助辨音字表来练习、记忆。

（六）注意复韵母动程

山东各地方言复韵母的发音，动程大都不够明显。其中前响二合复韵母 ai、ei、ao、ou，听感上像单韵母，三合复韵母 iao、iou、uai、uei 则像二合复韵母，纠正时，要有意识地拉长发音的动程，注意从一个元音滑向另一个元音，口形、舌位、唇形发生连续性变化，不要丢失韵腹。

词语练习：

骄傲　漂流　渺小　流油　海鸥　眉毛　草药　骚扰
美妙　犒劳　造谣　首脑　外快　愧对　回味　校稿

（七）注意发准 ie 和 ue

词语练习：

贴切　约略　铁屑　雀跃　学业　血液　雪月　窃窃　斜街　结节
姐姐　谢谢　阶梯　自觉　邀约　机械　解放　世界

第三节　声调辨证

一、声调

定义：具有区别意义的音高变化。

几个相关的概念

调值：声调的实际读音，也就是声调高低变化的具体形式。

调类：调值的分类。相同调值的音节归为一类，有几种调值就有几个调类。

四个调类：阴平、阳平、上声、去声

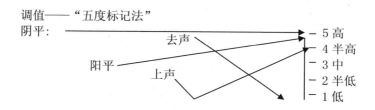

调值——"五度标记法"

二、四声调发音混合练习

（一）阴＋阳

宣传　优良　欢迎　中华　科学　批评

通俗　青年　支持　观摩　私营　新闻

（二）阳＋阴

来宾　崇高　回家　蓝天　平安　除非

爬山　同乡　回声　红花　航空　时光

（三）上＋阴

指标　解说　普通　雨衣　水滴　统一　展开

北京　每天　转播　抢修　产生　许多　广西

（四）上＋阳

果园　改革　坦白　远洋　口才　普及　敏捷

反常　表决　小学　统筹　指南　谴责　久别

（五）上＋去

稿件　请假　统治　理论　苦难　左右　主要

想象　广阔　感受　场面　领会　诡计　选派

（六）去+阴

特征　列车　录音　唱歌　律师　认真　办公
矿工　象征　救灾　自发　外观　电灯　构思

（七）去+阳

问题　地图　配合　调查　面前　自然　化学
特别　报名　电台　到达　会谈　上游　热情

（八）去+上

汉语　阅览　幻想　默写　下雪　创举　记者
剧本　驾驶　进取　问好　购买　恰巧　并且

三、四音节词语练习

1. 四声同调

春天花开　江山多娇　珍惜光阴　人民团结
豪情昂扬　回国华侨　儿童文学　厂长领导
理想美好　跃跃欲试　日夜奋战　胜利闭幕

2. 四声顺序

钻研马列　心明眼亮　胸怀广阔　坚持努力
山河锦绣　英雄好汉　山明水秀　风调雨顺
高朋满座　深谋远虑　兵强马壮　精神百倍

3. 四声逆序

破釜沉舟　万马腾空　智勇无双　探讨原因
刻苦读书　暮鼓晨钟　寿比南山　字里行间
大有文章　万古流芳　痛改前非　四海为家

　　　　大显神通　　逆水行舟　　驷马难追　　兔死狐悲

4. 四声交错

　　　　忠言逆耳　　水落石出　　身体力行　　得心应手

　　　　无可非议　　集思广益　　绝对真理　　百炼成钢

　　　　卓有成效　　轻描淡写　　班门弄斧　　五光十色

　　　　明目张胆　　信口开河　　营私舞弊　　山穷水尽

四、绕口令练习

（一）珍珍绣锦枕，绣枕用金针，双蝶枕上争，珍珍的锦枕赠亲人。

（二）铜钉和铜板，铜钉钉铜板，铜板钉铜钉，钉钉铜，铜钉钉。

（三）梁木匠和梁瓦匠

梁木匠，梁瓦匠，

俩梁有事齐商量。

梁木匠天亮晾衣裳，

梁瓦匠天亮量高粱。

梁木匠晾衣裳受了凉，

梁瓦匠量高粱少了粱。

梁瓦匠思量梁木匠受了凉，

梁木匠体谅梁瓦匠少了粱。

（四）黄毛猫偷吃红糖包（阴平、阳平）

王家有只黄毛猫，偷吃汪家红糖包，汪家打死王家的黄毛猫，王家要汪家赔黄毛猫，汪家要王家赔红糖包。

（五）鞠碧在屋外扫积雪，郝玉在屋里做作业。郝玉见鞠碧在屋外扫积雪，急忙放下手里的作业，去屋外帮鞠碧扫积雪，鞠碧扫完了积雪，立即进屋里做作业。

石室诗士施士，嗜狮，誓食十狮。氏时时适市视狮。十时，适十狮适市。氏视十狮，恃矢势，使十狮逝世。氏拾是十狮尸，适石室。石室湿，氏使侍拭石室。石室拭，氏始试食十狮尸。食时，始识是十狮尸实十石狮尸。试释是事。（施氏食狮史——赵元任）

五、声调辨证

（一）调值辨证

普通话声调，从调型上看，一平、二升、三曲、四降，界限分明，节奏感强；从音高上看，高音成分多，阴平、阳平、去声的高点都是5，上声的收尾也是4，整个音调高昂跌宕，抑扬顿挫，非常好听。学习时，要抓住这一特点，反复听读。

山东人学习普通话的难点主要是阳平和上声两个声调的发音问题。

1. 阳平

山东话阳平大多是高降调，正好和普通话相反。纠正时，可以将去声字与阳平字连读，用去声字的低调尾迫使阳平字起点不致太高，调尾自然就升上去了。

2. 上声

山东话上声的调型多是高平调，类似于普通话的阴平调值，与普通话上声的曲折调相差较大。纠正时，可将去声和上声连读，促使上声起点降低，尾音就可以升上去了。读去声时起音要高，可以故意夸大起降幅度。

（二）调类辨证

首先要了解自己的方言调类与普通话调类的分合关系，然后进行辨类记字。凡方言调类多于普通话调类的地区，要注意调类的合并；反之，则要注意调类的分化。凡调类与普通话调类分合不一致的地区，则要注意调类的改换。

发音要领口诀

学好声韵辨四声，阴阳上去要分明。部位方法须找准，开齐合撮属口形。

双唇班报必百波，舌尖当地斗点丁；舌根高狗坑耕故，舌面积结教坚精。翘舌主争真志照，平舌资则早在增。前鼻恩因烟弯稳，后鼻昂迎中拥生。

咬紧字头归字尾，阴阳上去记变声。循序渐进坚持练，不难达到纯和清。

综合练习：练读山东省普通话水平测试题第一题的单字，全面检测声韵调的发音。

一、读单音节字词（100个音节）

桩	病	款	牌	付	穴	郑	索	磨	颤	舱	嫉	飘	借	涌
棉	笙	卫	准	菌	舜	锅	钓	买	翁	梗	欧	润	量	否
砣	笨	缺	来	凶	贼	枕	隋	约	核	嘴	颇	够	黑	贰
筋	痣	司	球	揣	饭	纽	存	跌	熔	挎	秧	蹉	划	恩
测	临	碑	框	租	婶	习	俩	石	掐	院	丢	如	患	旅
镖	腻	发	槛	旺	铜	绕	女	鸣	榻	旬	场	凹	荫	青
次	题	偏	涮	秦	相	尺	钉	拨	懈					

一、读单音节字词（100个音节）

沾	表	登	股	穷	捆	织	肉	寸	翁	贰	云	紫	摔	趁
夏	捐	黑	竿	女	踢	某	贫	饿	磨	呆	浓	垒	滑	激
娶	真	酸	夜	弯	贼	弱	室	穴	玖	逛	特	伐	鸣	颇

防 还 超 熔 跃 袄 从 隔 束 项 劲 抠 略 藤 迈
扁 秒 跨 绝 矮 蠢 邪 框 瓶 推 舱 路 暂 拽 票
往 院 赔 扭 夹 软 灭 掐 穗 皱 禽 采 箭 酿 群
溜 榜 醉 座 眠 憾 晖 瞳 劝 荣

一、读单音节字词（100 个）

播 们 挑 量 合 秦 宣 揣 软 涩 面 憋 黑 砣 司
乱 蛆 凶 床 润 损 裆 扁 肥 褪 高 很 权 褶 扒
泼 否 蛹 耕 慌 群 痣 笙 宰 宋 鲵 纺 广 排 枕
贰 钻 救 穷 榻 嘭 纽 邹 铐 金 彼 刺 捉 刷 幼
虐 看 瞟 得 霞 讲 甩 促 腌 追 栓 应 剧 平 到
跨 栋 俩 催 相 卖 跌 列 阔 掘 冥 池 顺 翁 存
题 某 块 临 蝉 啮 徐 乳 撒 恽

第四节 普通话语流音变

在语流里，音素与音素之间、音节与音节之间、声调与声调之间会互相影响，以致产生语音变化，这种变化就是音变。普通话的音变现象主要有变调、轻声、儿化和语气词"啊"的变读等。

一、变调

音节连续发出时，有些音节的调值会发生变化，就是变调。

普通话主要有：

上声的变调，"一""不"的变调，重叠式形容词的变调。

（一）上声的变调

上声只有在单念或在词句末的时候才读完整的 214 或 2114。

上声在跟上声相连或跟别的声调相连的时候，都要念变调。

1. 上声+非上声

念半上——上声在阴平、阳平、去声前面念半上，调值由 214 变成 21 或 211，也就是只降不升，由于上声的起音就低，所以近似低平调。例如：

每天 měitiān	首都	产生	改编	法官
每年 měinián	改革	假如	解除	警察
每月 měiyuè	景色	可笑	口号	苦难
暖和	口袋	老爷	打量	骨头	补丁

2. 上声+上声

（1）念直上，像阳平一样——上声跟上声相连，前面的上声变成升调，跟阳平一样（或近似阳平）。调值由 214 变成 24 或 35。例如：

美好　厂长　勉强　脊髓　骨髓

上声+轻声　姐姐　奶奶

（2）三个上声字相连

①双单格：阳平+阳平+上声

例如：演讲|稿　展览|馆

②单双格：半上+阳平+上声

例如：小|老虎　好|总理

练习：

草稿纸	老古董	处理品	纸老虎	始祖鸟	手写体	老领导
选举法	冷处理	海产品	管理组	老虎口	老保守	很美满
展览馆	厂党委	洗脸水	小拇指	水彩笔	小两口	打靶场

3. 多个上声相连，先划出语音停顿，再进行变调

如：我有五把纸雨伞。

下午五点有小雨。

种马场有五匹好种马。

请你给我打点洗脸水。

你把美好理想给领导讲讲。

绕口令：《老李和老黎》

　　　　老李不吃李，

　　　　老黎不吃梨。

　　　　老李吃梨不吃李。

　　　　老黎吃李不吃梨。

　　　　梨大李小黎吃李。

　　　　李小梨大李吃梨。

（二）"一""不"的变调

1. 单念或在末尾念原调

一 二 三 第一　三十一

不！我不。

另，"一"为序数词表示"第一"含义时读原调。

2. 在去声前变阳平，在非去声前变去声

（1）在去声前变阳平

$$
一\begin{cases}月\\日\\万\end{cases}\qquad 不\begin{cases}去\\对\\怕\end{cases}
$$

（2）在非去声前变去声

一 $\left\{\begin{array}{l}天\\年\\起\end{array}\right.$ 不 $\left\{\begin{array}{l}说\\来\\好\end{array}\right.$

3. 有些词语中的"不""一"读轻声

看不起   差不多

笑一笑   试一试

（1）"一""不"的练习

一帆一桨一渔舟，一个渔翁一钓钩。

一俯一仰一场笑，一江明月一江秋。

一望无际   一板一眼   一五一十   一生一世

一衣带水   一言一行   一朝一夕   一模一样

（2）"一""不"的变调规律

一个大，一个小，一件衣服一顶帽。

一边多，一边少，一打铅笔一把刀。

一个大，一个小，一个西瓜一颗枣。

一边多，一边少，一盒饼干一块糕。

一个大，一个小，一头肥猪一只猫。

一边多，一边少，一群大雁一只鸟。

一边唱，一边跳，大小多少记得牢。

（三）重叠式形容词的变调

重叠式形容词的三种形式，即 AA 式、ABB 式和 AABB 式。

1. AA 式：一般不变调。

例如：快快地 长长的 大大的

AA 儿式：第二个叠字变成阴平。

例如：慢慢儿地 暖暖儿的 好好儿的

2. ABB 式：后面的两个叠字都变成阴平。

例如：热腾腾　绿油油　红彤彤

3. AABB 式：第二个字变轻声，第三、四字变阴平。

例如：漂漂亮亮　马马虎虎　老老实实

上述几种重叠式形容词，如果念得缓慢而又清楚，不变调也可以。至于一部分书面语言中的重叠式形容词，则不能变调。

例如：金灿灿　堂堂正正　明明白白

二、轻声

（一）轻声的定义

普通话音节都有一个固定的声调，可是某些音节在词和句子中失去了它原有的声调，读成一种又轻又短的调子，这就是轻声。

如：差事　石头

（二）轻声的作用

普通话里有些词或词组靠轻声音节与非轻声音节区别词义和区分词性。

（三）轻声的读法（重点）

轻声是整个音节弱化的一种特殊的音变现象。轻声的主要特点首先是音长较短促；其次具有不同于原调的特殊音高形式，音强一般较弱，音色较含混。读得又轻又短，轻声的特点是轻短、模糊。

1. 轻声在非上声（阴平、阳平、去声）后，读短促的低调值（调值 31）。如"玻璃""头发""豆腐"。

2. 轻声在上声后，读短促的微升调值（调值 34）。如"指甲""耳朵"。

注意：不要将轻声误读成第一声。

3. 轻声词语的注音方式

教材中的注音方式：不标调号。如：眉毛 méimao

《现代汉语词典》中的注音方式：不标调号且音节前加圆点。如：

眉毛 méi·mao

4. 轻声的规律（重点）

（1）有规律的轻声词语

①助词

结构助词（的、地、得）：我的　轻轻地　记得

时态助词（了、着、过）：吃了　看着　来过

语气助词（吧、吗、呢、啊、哇）：你好吗　吧　你呢　谁啊

②叠音词的第二个音节（名词、动词）

妈妈　伯伯　看看　说说　试试

③方位词：里　天上　上面　下边　树底下

④趋向动词：出去　进来　看下去　笑起来

⑤名词的后缀（子、头、们、巴）：桌子　木头　他们　下巴

区别：帘子—莲子

注意：词根"子""头"不能读轻声。

⑥有些词语中的"不""一"

差不多　笑一笑

⑦做宾语的人称代词

他打我、骂我　撵它　抓它

⑧量词"个"

三个　一个人　一百个

练习

分辨语流中的轻声音节，然后朗读。

曲曲折折的荷塘上面，弥望的是田田的叶子。叶子出水很高，像亭亭的舞女的裙。层层的叶子中间，零星地点缀着些白花，有袅娜地开着的，有羞涩地打着朵儿的；正如一粒粒的明珠，又如碧天里的星星，又如刚出浴的美人。微风过处，送来缕缕清香，仿佛远处高楼上渺茫的歌声似的。这时候叶子与花也有一丝的颤动，像闪电般，霎时传过荷塘的那边去了。叶子本是肩并肩密密地挨着，这便宛然有了一道凝碧的波痕。叶子底下是脉脉的流水，遮住了，不能见一些颜色；而叶子却更见风致了。

（2）无规律的轻声词语（习惯读轻声的词语）

眼睛　名字　别扭　学生　提防

知识　蘑菇　客气　明白　暖和

动弹　衣服　称呼　事情　麻烦

轻声练习

老姥姥问姥姥，

姥姥老问老姥姥。

麻妈妈问妈妈，

妈妈老问麻妈妈。

一个大嫂子，一个大小子，

大嫂子和大小子比包饺子，

看是大嫂子包的饺子好，

还是大小子包的饺子好？

再看是大嫂子包的饺子少，

还是大小子包的饺子少？

大嫂子包的饺子又小又好又不少，

大小子包的饺子又小又少又不好。

三、儿化

（一）儿化的含义

所谓儿化，指的是后缀"儿"与它前一音节的韵母结合成一个音节，并使这个韵母带上卷舌音色彩的一种特殊音变现象。而这种卷舌化了的韵母就叫儿化韵。

（二）儿化的作用

1. 区别词性词义

例如：画（动词）　画儿（名词）　盖（动词）　盖儿（名词）

2. 儿化后表示细小，轻微

例如：小刀儿　一点儿　纸条儿　树皮儿　木棍儿

3. 儿化后表示亲切、喜爱、蔑视、厌恶等情感色彩

例如：小狗儿　小李儿　小孩儿　老头儿　脸蛋儿

（三）儿化韵的发音规律

1. 音节末尾是 a、o、e、ê、u 的，原韵母直接卷舌

例如：刀把儿　水珠儿

2. 韵尾是 i、n 的韵母，儿化时失落韵尾，韵腹加卷舌动作

例如：小孩儿　纳闷儿

3. 韵母是 i、ü 的，儿化时在原韵母后加 er

例如：针鼻儿　毛驴儿

4. 韵母是 -i（前）、-i（后）的，儿化时，原韵母直接换作 er

例如：棋子儿　豆汁儿

5. 韵尾是 ng 的，儿化时去掉韵尾，韵腹鼻化并卷舌

例如：药方儿　门洞儿

6. 韵尾是 in、n 的，儿化时去掉韵尾，再卷舌

例如：有劲儿　皮筋儿　合群儿　花裙儿

儿化词练习

球儿　圈儿　玩儿　馅儿　沿儿　座儿

包干儿　冰棍儿　差点儿　大伙儿　干活儿　光棍儿　好好儿

好玩儿　金鱼儿　老头儿　聊天儿　没事儿　面条儿　墨水儿

纳闷儿　年头儿　纽扣儿　玩意儿　小孩儿　心眼儿　烟卷儿

一会儿　一块儿　一下儿　一点儿　有点儿　这会儿　一个劲儿

（四）儿化练习

1. 小孩儿，小孩儿，上井台儿，摔了个跟头拣了个钱儿。
   又打醋，又买盐儿，又娶媳妇儿，又过年儿。
2. 小新媳妇儿要过门儿，脸上蒙着红手巾儿；
   粉红的轿子抬着走，手里打着小红旗儿。
3. 小玩意儿，独一份儿，小孩儿买来多有趣儿。
   不给买，噘着嘴儿，撒泼打滚儿不愿意儿，
   一对儿一对儿掉眼泪儿。
4. 进了门儿，倒杯水儿，喝了两口运运气儿。
   顺手拿起小唱本儿，唱了一曲儿又一曲儿，练完嗓子儿练嘴皮儿。
   绕口令儿，练字音儿，还有单弦儿牌子曲儿。
   小快板儿，大鼓词儿，又说又唱我真带劲儿。

四、语气词“啊”的音变

大多数语气词“啊”的音变是将“啊”之前的末尾音素作为

"啊"的韵头或声母,自然连读而成。

(一)前面音素是 a、o、e、i、ü、ê(ie、üe)时,但 ao、iao 除外,"啊"读 ya,汉字可写作"呀"。

是他啊!(a ya)　　　　　　才讲了半截啊!(ie ya)

真多啊!(uo ya)　　　　　　应该注意节约啊!(üe ya)

好大的雨啊!(ü ya)　　　　　快唱歌啊!(e ya)

大哥啊,你可得说啊,写啊、画啊、好好儿学啊!可不能整天想着钓鱼啊!要好好儿听咱妈的话呀!

(二)前面音素是 u,包括 ao、iao,"啊"读成 wa,汉字可写作"哇"。

这是一本好书啊!(u wa)

真牛啊!(iu wa)

还这么小啊!(iao wa)

不知道啊!(ao wa)

手真巧啊!(iao wa)

是只小狗啊!(ou wa)

跑啊!跳啊!叫啊!笑啊!我们激动的心潮啊!

(三)前面音素是 n 时,"啊"读成 na,汉字可写作"哪"。

大家加油干啊(na)!

这可怎么办啊(na)!

你可不能忘本啊(na)!

这水可真甜啊(na)!

你好狠的心啊(na)!

(四)前面音素是 ng(即前一个音节的韵母是后鼻音),"啊"读 nga〔ŋa〕,汉字仍写"啊"。

认真听啊!(ing nga)

不行啊！（ing nga）

大家一起唱啊！（ang nga）

不管用啊！（iong nga）

八月十五月儿明啊！爷爷为我打月饼啊！

月饼圆圆甜又香啊！一块月饼一片情啊！

（五）前面音节是 zi、ci、si，"啊"读作［za］，汉字仍写"啊"。

zi、ci、si 的韵母是舌尖前元音-i（前）。

多少工资啊？（zi［za］）

哪个公司啊？（si［za］）

第一次啊！（ci［za］）

他就是老四啊！（si［za］）

真自私啊！（si［za］）

孩子啊！（zi［za］）

（六）前面音节是 zhi、chi、shi、ri、er，以及儿化音节，"啊"读作 ra，汉字仍写"啊"。

zhi、chi、shi、ri 的韵母是舌尖后元音-i（后）。

他就是王小二啊！（er ra）

他是个好老师啊！（shi ra）

随便吃啊！（chi ra）

一张纸啊！（zhi ra）

这儿多好玩儿啊！（er ra）

快开门儿啊！（er ra）

综合训练

语气词"啊"的音变：

还这么小啊！

76

笑得真欢啊！

大家快来吃菠萝啊！

他就是石老师啊！

不管用啊！

买这么些冷饮啊！

你普通话说得真好啊！

就等你回家啊！

小点声啊！

他就是老四啊！

没法治啊！

会不会下雨啊！

两个什么字啊！

什么了不起的事啊！

是我啊！

要坚持啊！

一大群啊！

加油干啊！

今年六十二啊！

哪个公司啊？

没有啊！

句子练习

漓江的水真静啊，……漓江的水真清啊 ，……漓江的水真绿啊。……桂林的山真奇啊，……桂林的山真秀啊，……桂林的山真险啊。（《桂林山水》）

儿时的朋友啊，海波啊，山影啊，灿烂的晚霞啊，悲壮的喇叭啊，我们如今是疏远了吗？（冰心的《繁星》）

他这时高兴地不知说什么好啊！……生宝觉得生活多么有意思啊！太阳多么红啊！天多么蓝啊！庄稼人多么可爱啊！

对话练习

甲：请问，到图书馆怎么走啊？

乙：咳！原来是你啊！真巧啊！我也正想去图书馆呢，咱们一起去吧！

甲：好啊！哟！那儿怎么那么多人啊？

乙：是啊！真热闹啊！买书的呗！什么诗歌啊，小说啊，报告文学啊，散文啊，全有！

甲：那么多啊！那咱们也去看看吧！我想买本杂志啊！

乙：不行啊！我正急着去图书馆啊！

甲：是嘛！那咱们快跑啊！

甲：鸡啊，鸭啊，猫啊，狗啊，一块儿水里游啊！

乙：牛啊，羊啊，马啊，骡啊，一块儿进鸡窝儿啊！

甲：狮啊，虫啊，鼠啊，豹啊，一块儿街上跑啊！

乙：兔啊，鹿啊，虎啊，孩子啊，一块儿玩儿啊！

甲：这些孩子啊，真可爱啊！

乙：那还用说啊，不然，怎么叫模范幼儿园啊！

甲：你看啊，他们多高兴啊！

乙：是啊！他们又作诗啊，又画画儿啊，老师教得多好啊！

甲：你还没见啊，他们唱啊、跳啊，简直像一群小鸟啊！

乙：是啊！他们多幸福啊！

第五节 普通话朗读技巧

一、朗读的定义

朗读是把书面语言转化为发音规范的有声语言的再创作活动。

朗读训练是教师口语训练的有机组成部分，是普通话正音的继续，是说话训练的开始，起着承上启下的桥梁作用。

二、朗读的要求

理解作品和表达作品

（一）对理解作品的要求

理解作品包括熟悉并把握作品的布局结构、主题思想、情感基调、语言风格等内容。理解作品既是朗读前的必要准备，也是朗读活动获得成功的重要前提。

1. 正确地把握作品的主题

主题就是作品的中心思想，它是作品内容的集中和升华。要正确把握主题，就要熟悉作品的内容，并在理顺关系、分清层次、把握结构的基础上，弄清楚作品写的是什么，说明的问题和宣传的观点是什么，作品寄予或表达的情感是怎样的，等等。只有正确地把握作品的主题，朗读时才能做到"内明于心，外达于人"。

2. 准确地把握作品的语言风格

语言风格是指不同作者或作品在语言表达的整体风貌上所表现出来的个性特征。由于作者个性不同，所处的时代和环境不同，所受的传统影响不同，或题材和体裁的不同，形成了各种不同的语言风格。如从色彩浓淡上看，有求朴素的（如《落花生》），有求华丽的（如《高楼远眺》）；从表意的方式上看，有求隽永的（如《启事的启事》），有求明朗的（如《海上日出》）；从语言的气势看，有求豪放的（如《海燕》），有求婉约的（如《朋友和其他》）；等等。只有准确地把握作品的语言风格，才能传神地朗读出作品的独特韵味。

3. 恰当地确定朗读的感情基调

在准确把握作品的主题和语言风格的基础上，还要恰当地确定朗读的感情基调。感情基调是指作品的基本情调和朗读者的情感态度。确定感情基调就是要求朗读者把握住作品的总的感情色彩，并确定好自己的情感态度。不同的作品有不同的感情基调，或庄重或诙谐，或欢快或悲哀，或沉郁或从容，或亲切或严肃，等等。朗读者只有从作品的人物、事件或作者的倾向及语言风格等方面去认真揣度，才能恰当地把握住作品的感情基调。朗读的感情基调应该与作品的思想情调、语言风格相一致。只要把握住了感情基调，就能把作品的主题在情与声的统一中表现得更加完美、更加充分。

（二）对口语表达的要求

1. 准确清晰

首先发音要准确，语音规范、声音响亮，音节的界限要分明；其次诵读要准确，不添字、不丢字、不改字、不读错别字，无吞音、吃字现象。

2. 流利自然

朗读应做到口齿流利，语气自然，语流顺畅，松紧适度；同时做到不重复，不打顿，不沉吟，不读破词句，不带口头禅。

3. 有感情

不温不火，表达有度，既不要随心所欲地夸张，也不要消极被动地应付。

具体来说，口语表达的要求是：

1. 普通话语音标准

朋友即将远行。

甚至可以多拿些回家当晚餐。穷孩子就受一天冻，挨一天饿，所以老师们宁愿自己苦一点儿。

小鸟和水手的感情日趋笃厚。

2. 吐字归音到位

（1）出字要准确有力，即字头要咬紧。做到这一点的关键是把握好声母发音部位和发音方法，蓄气有力，并迅速与韵头结合。

八百标兵奔北坡，北坡炮兵并排跑。

炮兵怕把标兵碰，标兵怕碰炮兵炮。

（2）立字要拉开立起，圆润饱满，即字腹要突出。关键是口腔开合适度，松紧相宜，音节才能坚实稳定。

调到敌岛打特盗，特盗太刁投短刀。

挡推顶打短刀掉，踏盗得刀盗打倒。

吃葡萄不吐葡萄皮儿，不吃葡萄倒吐葡萄皮儿。

（3）归音的归向要鲜明，干脆利索，即字尾要收回。既不能拖泥带水留尾巴，也不可唇舌位置不到家。关键是对字尾的处理，口腔由开到闭，肌肉由紧渐松，声音由强到弱，字尾要弱收到位。

谭家谭老汉，挑蛋到蛋摊，卖了半担蛋；挑蛋到炭摊，买了半担炭，满担是蛋炭。老汉往家赶，脚下绊一绊，跌了谭老汉，破了半担蛋，翻了半担炭，脏了新衣衫。老汉看一看，急得满头汗，炭蛋完了蛋，怎吃蛋炒饭。

总之，要求一个音节的发音过程有头有尾，形成一个"枣核形"，声母、韵头为一端，韵腹为核心，字的中间发音动程大，时间长，字的两头动程小，开合占的时间也短。即像母老虎叼着小老虎过山涧一样，不能太紧也不能太松。

（三）朗读"五忌"

1. 念字式

单纯念字、照字读音的朗读方式。有字无词或有词无字，很机械。

2. 念经式

声音小而且速度快，没有顿歇，没有起伏，没有重音，更没有感情和声音变化。

3. 八股式

腔调固定，前高后低或前低后高，前松后紧或前紧后松。声音一顿一顿的，没有语气变化。

4. 演戏式（分角色朗读除外）

不是再现作品中人物"怎么说的"，而是强调他们"说了些什么"。

5. 固定式

过分强调作品的体裁，无论内容如何，只要同一体裁都用一种腔调去读。以不变的固定腔调去应对不同的作品内容。

（四）朗读使用的语言

必须是活生生的语言，但又不等于"拉家常"式的自然语言。比自然语言更规范、更生动、更具有美感。过分夸张让人感到虚假，过分平淡让人感到乏味。

三、朗读的技巧

所谓朗读技巧，指的是朗读者为了准确地表达作品的思想内容和感情而对有声语言所进行的设计和处理。这些设计和处理从作品的内容出发，正确处理语言的停连、轻重、抑扬、快慢等，使语言更生动、更形象，更富有表现力和汉语特有的音乐美。朗读的外部声音表达技巧主要有：停连、重音、句调、语速。

（一）停连

1. 何谓"停连"

"停"指停顿，"连"指连接。"停连"是指停顿和连接。有停顿，有连接才能更好地传情达意。

有人说：停顿和连接就像一扇门一样，有开门必定有关门，两者在语言表达中是如影随形的。

2. 为什么要有停连

（1）生理需要。因为朗读者需要换气，听众也不可能接受无间断的一长串音节。

（2）心理需要（即：表情达意的需要）。

我看见/她笑了。 我看见她/笑了。

在停连的运用上，生理需要必须服从心理需要，不可因停害意、因停断情。

我是王书记派来的！

已获得文凭的和尚未获得文凭的干部……

停顿是思想感情运动状态的继续和延伸，而不是思想感情的终止、中断和空白。要做到"声静心不静，音断气不断"，达到"此时无声胜有声"的效果。

3. 停连的处理方式

（1）停顿方式

①落停

落停在一句话、一个层次、一篇文章内容结束时使用。当内容在此结束，声音也要呈弱式滑下来，然后缓缓收住。气息正好在收音时用完，停顿时间相对较长。

②扬停

这种方式一般用在句中无标点之处，或一个意思还没有说完而中间又需要停顿的地方。它的特点是停顿时间较短，停时声停气未尽。

鲁侍萍：你是萍……／凭什么打我儿子的。（《雷雨》）

杨白劳：我／没受委屈。（《白毛女》）

（2）连接方式

①直连

四婶："祥林嫂，～你放着吧，～我来摆"。（《祝福》）

卫婆子：啊呀！～我的太太！您真是大户人家的太太的话，我们山里人，～小户人家，这算得什么？她有小叔子，～也得娶老婆，不嫁了她，哪有这一注钱来做聘礼？她的婆婆倒是精明强干的女人啊，～很有打算，所以就将她嫁到山里去。（《祝福》）

②缓连

这种连接一般用于较舒缓的内容，而且适合于一句话或一段当中的连接。这种方式也用于没有标点符号而内容又需要有所区分的地方，它的特点是声断意连，环环向前。

人群里，年长的是大娘，～大爷；同年的是大哥，～大嫂，兄弟，～姐妹，都是亲人。又仿佛队伍同志是群众，～群众又同时是队伍，根本分不清。（《歌声》）

（3）停连运用的基本原则

①标点符号是参考

标点符号停顿时间的长短一般是：

顿号<逗号<分号（冒号）<句号（问号、叹号、省略号）

②语法关系是基础

在没有标点提示的情况下，停顿一般出现于下列情况：

A. 主语、谓语之间

a. 深蓝色的天空里/悬着无数半明半昧的星。

b. 爸/不懂得怎样表达爱，……而妈/则把我们做过的错事开列清单。

c. 育才小学校长陶行知/在校园看到学生王友/用泥块砸自己班上的同学。

B. 动词与较长的宾语之间

a. 我最爱看/天上密密麻麻的繁星。

b. 我常想/读书人是世间幸福人。

c. 我明白了/她称自己为素食者的真正原因。

C. 较长的附加成分和中心词之间

a. 从彤云密布的天空中/飘落下来。

b. 我发现母亲正仔细地/用一小块儿碎面包/擦那给我煎牛排用的油锅。

c. 床架上方，则挂着一枚/我一九三二年/赢得耐斯市少年乒乓球冠军的/银质奖章。

D. 并列成分之间

a. 从那些往哲先贤/以及当代才俊的著述中/学得他们的人格。

b. 那些失去/或不能阅读的人是多么的不幸。

c. 上面布满了大大小小/形形色色的徽章、奖章。

停顿的成分之间往往有并列关系、呼应关系、转折关系等。

a. 山朗润起来了，水涨起来了，太阳的脸红起来了。

b. 在这叫喊声里，乌云听出了愤怒的力量、热情的火焰和胜利的信心。

c. 有人问世界上什么东西的力气最大？

d. 他试图把腿抽回来，可是办不到。

③情感表达是根本。

更多的时候我们得为了强调某个事物或突出某个语意、某种感情而停连，此时的停连没有明确的规律。总的来说，按文意、合文气、顺文势，是我们运用停连的原则，这需要全面知识的综合应用。

情感表达是根本：

1. 为什么你已经有钱了/还要？

2. 因为原来不够，但现在/凑够了。

3. 但是，它却是伟岸，～正直，朴质，～严肃，也不缺乏温和。

4. 山川、～河流、树木、～房屋，全都罩上了一层厚厚的雪。

5. 可小鸟憔悴了，给水，～不喝！喂肉，～不吃！

停顿的表达方法：

①戛然而止的停顿

刘胡兰像钢铁铸成似的，一点儿也不动摇。

"不知道，就是不知道！要杀要砍由你们，怕死不是共产党员！"

②渐弱渐止的停顿

那"鸟的天堂"的确是鸟的天堂啊！

爸完全不知道怎样表达爱。除非……

会不会是他已经表达了而我却未能察觉？

（二）重音

1. 重音的定义

重音是指朗读时对句子中某些词语或结构成分从声音上加以突出的现象。

2. 重音的作用

突出语句的重点和作品的主题，增强语言的节奏感和表现力。

3. 重音的分类

（1）语法重音

根据句子的语法结构确定的重音，位置比较固定。

①一般短句里的谓语部分应稍重些

例：东风来了，春天的脚步近了。

山朗润起来了，水涨起来了，太阳的脸红起来了。

桂林的山真奇啊，……桂林的山真秀啊，……桂林的山真险啊，……

②动宾结构中的宾语应该重读

例：谈文学、谈哲学、谈人生道理。

我爱月夜，但我也爱星天。

她的名字叫翁香玉。

③双宾语后一宾语应重读

例：张老师教我们数学。

④定语、状语、补语比中心词要稍重些

例：现在正是枝繁叶茂的时节。

它是最贵的一棵树。

王友惊疑地接过糖果。

大雪整整下了一夜。

他眼睛睁得大大的。

⑤疑问代词和指示代词一般要稍重些

例：谁能把花生的好处说出来？

李奶奶指着鸠山问道："你这是什么话！是你们把我儿子抓起来，是你们杀害中国人。你们犯下的罪过，难道要我这老婆子来承担吗？"

请给这儿添一把椅子。

⑥比喻句中的比喻词和喻体要稍重些

例：看，像牛毛、像花针、像细丝，密密地斜织着。

春天像小姑娘，花枝招展的，笑着、走着。

（2）强调重音

强调重音指的是为了表示某种特殊的感情和强调某种特殊意义而故意说得重一些的音，目的在引起听者注意自己所要强调的某个部分。语句在什么地方该用强调重音并没有固定的规律，而是受说话的环境、内容和感情支配的。又称为"逻辑重音"或"感情重音"。

我知道你会这样做的。（别人不知道）

我知道你会这样做的。（不要以为我不知道）

我知道你会这样做的。（别人不会）

我知道你会这样做的。（你怎么说自己不会）

我知道你会这样做的。（你不会那样）

我知道你会这样做的。（不仅仅是说说而已）

强调重音

问：谁去过上海？答：我去过上海。

问：你去过上海吗？答：我去过上海。

问：北京、上海等地，你去过哪儿？

答：我去过上海。

强调重音一般有以下几种：

①表并列：燕子去了，有再来的时候；杨柳枯了，有再青的时候；桃花谢了，有再开的时候。

②表对比：骆驼很高，羊很矮。骆驼说："长得高多好啊!"羊说："不对，长得矮才好呢!"

③表呼应："下官因何事被弹劾?"巡捕传说："只一个字——贪。"

④表递进：那匹马大起来了，马腿伸开了，马脖子也长了，一条马尾巴可不见了。

⑤表转折：他试图把腿抽回来，可是办不到。

⑥表肯定、否定：蛇是没有脚的，你干吗要画上脚呢? 第一个画好蛇的人是我，不是你了!

渲染感情色彩的关键词重读

这太阳像负着什么重担似的。(《海上日出》)

树木的枯枝被雪压断了，偶尔咯吱一声响。(《第一场雪》)

4. 表达重音的方式

注意：重音不是"加重声音"的简称。

(1) 加强音量法

①催，你就知道催。

②人，不能低下高贵的头，

只有怕死鬼才乞求自由；

毒刑拷打算得了什么!

死亡也无法叫我开口。

(2) 延音法

①"就算这样吧，"狼气冲冲地说，"你总是个坏家伙，我听说，去年你在背地里说我的坏话。"

②"朋友，别说大话了，天不过井口那么大，还用飞那么远吗"?

（3）顿字法

①更喜岷山千里雪，三军过后尽开颜。

②欲穷千里目，更上一层楼。

（4）轻读法

在这幽美的夜色中，我踏着软绵绵的沙滩，沿着海边，慢慢地向前走去。海水轻轻地抚摸着细软的沙滩，发出温柔的刷刷声。

5. 表达重音时的注意事项

（1）重音要精不要多，要站得住脚。

（2）要注意分寸，切忌过分强调。

（3）重音要与停顿结合，可在强调的字词前后加以停顿。

综合训练

（1）有这么一个传说：古时候，天上有十个太阳，晒得地面寸草不生。

（2）她们俩在光明和快乐中飞走了，越飞越高，飞到那没有寒冷，没有饥饿，也没有痛苦的地方去了。

（3）我叫他别放手，但他却说是应该放手的时候了。我摔倒之后，妈跑过来扶我，爸却挥手要她走开。我当时生气极了，决心要给他点颜色看。于是，我马上爬上自行车，而且自己骑给他看。

（4）一天，国王问阿凡提："阿凡提，要是你面前一边是金钱，一边是正义，你选择哪一样呢？"

"我愿意选择金钱。"阿凡提回答。

"你怎么了，阿凡提？"国王说，"要是我啊，一定要正义，绝不要金钱。金钱有什么稀罕，正义是不容易找到的啊！"

"谁缺什么，就想要什么，我的陛下。"阿凡提说，"你想要的东西，正是你最缺少的啊！"

（三）语气语调

语气一词是由"语"和"气"组成。"语"是指有声语言，指通过声音表现出来的语句；"气"是指朗读时支撑有声语言的气息状态，指具有声音和气息合成形式的语句流露出来的气韵。这当中，不但有语意，而且有情感；不但动于衷，而且流于外；不但音随意转，气随情动，而且以情运气，以气托声，以声传情。因此，声音的气息状态和表露有极为重要的意义。

语气既有称之为"神"的内在思想感情的色彩和分量，又有称之为"形"的外在的快慢、高低、强弱、虚实的声音形式。所以说，语气是朗读中语句的"神"与"形"的结合体，有什么样的感情，就会产生什么样的气息；有什么样的气息，就会有什么样的声音状态。语气运用的一般规律是：

爱则气徐声柔。例如：我爱妈妈。

憎则气足声硬。例如：我恨你。

悲则气沉声缓。例如：唉！太惨了。

喜则气满声高。例如：啊！我们终于胜利了。

惧则气提声抖。例如：我，我再也不敢了。

急则气短声促。例如：不好了！不好了！月亮掉到井里了。

冷则气少声淡。例如：啊，我早就知道了。

怒则气粗声重。例如：你给我滚！

凝则气细声黏，静则气舒声平。

只有感情上的千变万化，才有气息上的千姿百态，也才有声音上的姹紫嫣红。

练习：朗读《七根火柴》中的一段话。

他蓦地抽回手去，深深地吸了一口气，用尽所有的力气举起手来，直指着正北方向,"好",好同志……你……你把它带给……

朗读时,感情是悲壮的,气息是短促的,声音是虚弱的、断续的。最后一句可以这样处理:"实声"停留在"它"字上,"带给"两字用气息托出来的"虚声"吐露在口外。

"语调"被提出的时间较早,是一个被学术界研究多年的语言学概念。对"语调"的研究到目前为止仍然是比较薄弱的环节,学术界历来说法不一,还没有能形成一套公认的分析和描写语调的方法,至今也没有定性的概念表述。下面我们看一下在学术界有一定影响的工具书和代表性著作对"语调"的表述。

1.《现代汉语词典》:"说话的腔调,就是一句话里语音高低轻重的配置。"

2.《普通话语音常识》(徐世荣):"'语调'与'字调'相对而言,是指全句的高、低、抑、扬,和'字调'同是'音高'现象。……汉语的语调,特别显示在语句末尾的音节上。"

3.《艺术语言发声基础》(周殿福):"语调是一个句子中间高低、快慢、轻重、停顿的各种变化,同音高、音长、音强都有联系。"

4.《现代汉语》(黄伯荣、廖序东):"说话或朗读时,句子有停顿,声音有轻重快慢和高低长短的变化,这些总称语调。"

5.《语音学教程》(林焘、王理嘉):"……能够帮助表达说话人的思想和感情态度,由此而产生的全句抑扬顿挫和其他方面的语音变化就是语调。语调主要由超音质成分,即音高、音强和音长组成。"

语调的基本单位是句调,这是诸多研究者一致认同的。从上面各家的表述可以看出语言学界对"语调"研究的分歧主要集中于两点:一种观点认为语调就是指整个语句的声音高低变化(即音高变化);另一种观点则认为语调是由音高、音长和音强等多种因素构成的句子的节律模式。

语调指语句声音高低升降的变化。其中以结尾的升降变化最为重要，一般是和句子的语气紧密结合的。应试者在朗读时，如能注意语调的升降变化，语音就有了动听的腔调，听起来便具有音乐美，也就能够更细致地表达不同的思想感情。语调变化多端，主要有以下几种：高升调、降抑调、平直调、曲折调。

1. 高升调

高升调多在疑问句、反诘句、短促的命令句，或者是表示愤怒、紧张、警告、号召的句子里使用。朗读时，注意前低后高、语气上扬。

（1）我怎么会把您喝的水弄脏呢？

（2）许是累了？还是发现了新大陆？

（3）世界上还有比这样在敌人的刑场上举行的婚礼更热闹的吗？

2. 降抑调

降抑调一般用在感叹句、祈使句或表示坚决、自信、赞扬、祝愿等感情的句子里。表达沉痛、悲愤的感情，一般也用这种语调。朗读时，注意调子逐渐由高降低，末字低而短。

（1）罗盛教烈士的国际共产主义精神与朝鲜人民永远共存。

（2）翠绿的颜色明亮地在我们的眼前闪耀，似乎每一片树叶上都有一个新的生命在颤动。这美丽的南国的树！

（3）唉，我不知何时再能与他相见。

3. 平直调

平直调一般多用在叙述、说明或表示迟疑、思索、冷淡、追忆、悼念等的句子里。朗读时始终平直舒缓，没有显著的高低变化。最典型的是天气预报。

（1）那是力争上游的一种树，笔直的干，笔直的枝。

（2）读小学的时候，我的外祖母去世了。

（3）在船上，为了看日出，我特地起个大早。那时天还没有亮，周围是很寂静的，只有机器房的声音。

4. 曲折调

曲折调用于表示特殊的感情，如讽刺、讥笑、夸张、强调、双关、特别惊异等句子里。朗读时由高而低后又高，或由低而高后低，把句子中某些特殊的音节特别加重加高或拖长，形成一种升降曲折的变化。

（1）啊，亲爱的狼先生，那是不会有的事。

（2）好个国民党政府的友邦人士，是些什么东西。

（3）"你问我?"难道你看不出我是这里唯一的下士吗?

（4）爸听了便叫嚷道："你以为这是什么车? 旅游车 ?"

（5）啊! 知道了。（表示肯定）

　　啊? 你说谁?（表示发问）

　　啊? 怎么会是他啊?（表示惊奇）

　　啊! 原来是这样啊!（表示恍然大悟）

朗读练习:《狐狸和乌鸦》

乌鸦在大树上做了个窝，大树底下有个洞，洞里住着狐狸。

有一天，乌鸦飞出去给她的孩子找吃的，她找到一片肉，叼了回来，站在窝旁边的树枝上，心里很高兴。

这时候，狐狸也出来找吃的。他抬起头一看，乌鸦嘴里叼着一块肉，馋得直流口水。

狐狸想了想，就笑着对乌鸦说："您好，亲爱的乌鸦!"乌鸦不作声。

狐狸又说："亲爱的乌鸦，您的孩子好吗?"乌鸦看了狐狸一眼，还是不作声。

狐狸又说:"亲爱的乌鸦，您的羽毛真漂亮，麻雀比起您来，可就差远了。您的嗓子真好，谁都爱听您唱歌。您唱几句吧!"

乌鸦听了狐狸的话，得意极了，就唱起歌来。"啊……"它刚一张嘴，肉就掉到了地上。狐狸叼起肉，钻到洞里去了。

（四）语速训练

语速是指朗读时说话的速度。语速的快慢取决于作品思想内容与心境情感表达的需要。

1. 根据人物感情、环境气氛的色彩来把握语速

一般来说，表达情绪平静、沉郁、失望，气氛庄严、行动迟缓等内容或较难理解的语句时，语速要慢一点；表达沉思或悲哀、压抑的心情，语速更慢一些；表达情绪愉快、兴奋或紧张、慌乱、惊惧以及热烈、慷慨激昂、愤怒、反抗、驳斥、申辩等内容的时候，语速可适当快些。

2. 根据不同形象、不同特征来把握语速

表现老年人比表现少年儿童的语速舒缓；表现女性比表现男性的语速快捷；表现性格急躁的人比表现性格沉稳的人语速要快些。如《春》《落花生》等。

3. 根据作品的基调把握语速

基调明朗的文章语速快，基调沉痛的文章语速慢。

朗读练习：《捞月亮》

有只小猴子在井边玩，它往井里一看，里面有个月亮，小猴子叫着："糟了！糟了！月亮掉到井里了!"

大猴子听见了，跑过来一看，跟着叫起来："糟了！糟了！月亮掉到井里了!"

老猴子听见了，跑过来一看，也跟着叫起来："糟了！糟了！月亮掉到井里了!"

附近的猴子听见了，都跑过来看，大家跟着叫起来："糟了！糟了！月亮掉到井里了！咱们快把它捞上来!"

猴子们爬上了井旁边的大树，老猴子倒挂在大树上，拉住大猴子的脚，大猴子也倒挂着，拉住另一只猴子的脚，猴子们就这样一只接一只一直挂到井里，小猴子挂在最下面。

小猴子伸手去捞月亮，手刚碰到水，月亮就不见了。

老猴子一抬头，看见月亮还挂在天上，喘着气说："不用捞了！不用捞了！月亮好好地挂在天上呢！"

第六节　说话技能

一、说话及要求

说话就是表达主体在某种特定情境中，针对某一话题，将自己头脑中关于这一话题的诸多信息相互交织而形成的呈立体网络结构的内部语言转化为由诸多词汇按一定的语法结构组合而成的呈线性结构的外部语言的行为活动。

（一）明确"说话"测试的目的与要求

国家《普通话水平测试大纲》明确规定，说话项测试的目的是"考查应试人在没有文字凭借的情况下，说普通话的能力和所能达到的规范程度"。与前几项相比，这是一个对应试者普通话口语综合能力的测试，它既包括对语音、词汇、语法的规范程度的考查，也包括对语气语调，即应试者以音达意、以声传情的一般技能的测查，事实上还包括了对应试人思维应变能力的测试。

（二）测试过程中对应试人的具体要求

单向说话，即独白体说话，话题是在给定的 30 个题目中现场抽取。时间要求 3 分钟，不能少于 3 分钟。这是一个什么概念呢？如果按每分钟说 240 字计，3 分钟就要说到 720 个字左右。"说话"的要求着重在一个"说"字，即应试人用普通话进行说话的过程。给定的话题仅仅是一个说话的大致范围或方面，不是命题式的口头作文。这项测试的内容重点考查语音是否标准，用词是否丰富得当，语法是否规范，语流是否自然通畅。

（三）普通话水平测试用话题

1. 我的愿望（理想）

2. 我的学习生活

3. 我尊敬的人

4. 我喜爱的动物（或植物）

5. 童年的记忆

6. 我喜爱的职业

7. 难忘的旅行

8. 我的朋友

9. 我喜爱的文学（或其他）艺术形式

10. 谈谈卫生与健康

11. 我的业余生活

12. 我喜欢的季节（或天气）

13. 学习普通话的体会

14. 谈谈服饰

15. 我的假日生活

16. 我的成长之路

17. 谈谈科技发展与社会生活

18. 我知道的风俗

19. 我和体育

20. 我的家乡（熟悉的地方）

21. 谈谈美食

22. 我喜欢的节日

23. 我所在的集体（学校、机关、公司）

24. 谈谈社会公德（职业道德）

25. 谈谈个人修养

26. 我喜欢的明星（或其他知名人士）

27. 我喜爱的书刊

28. 谈谈对环保的认识

29. 我向往的地方

30. 购物（消费）的感受

二、"说话"的思维准备

思维的准备过程就是开动脑筋审题、选材、安排材料先后顺序的过程。

（一）审题

审题就是对话题进行分析，理解其要求，确定其中心。

（二）选择合适的材料

材料就是用以表现中心意思的事实、情节或有说服力的现成说法。合适的材料就是符合话题要求的材料。

（三）安排恰当的顺序

确定了中心，有了相关的材料，还要想好怎样开头，先说什么，重点说什么，怎样结束，这就是安排说话的顺序。

30 个话题材料的准备

可根据话题所需材料的相关相异和自己的兴趣爱好将 30 个话题分析归类，化多为少。如一个爱学习、爱读书的人，就可以把话题中的"我的学习生活""我的业余生活""我的假日生活""我的愿望""我喜欢的书刊""我向往的地方（文轩书店）""我喜爱的文学艺术形式"这几个话题归并为一个"书"字，只要准备好有关"书"和自己"读书"的一些材料就行了。若应试人是一位足球爱好者，就可以把"我的业余生活""我喜爱的职业""我的假日生活""我所在的集体""我喜欢的明星""我的愿望（或理想）"作为一类，以"足球"为中心搜集记忆有关的材料，临场时只要根据具体话题的要求加以取舍就行了。

题目：我最尊敬的人（说话提纲）

1. 我最尊敬的人是谁；

2. 我为什么尊敬他（她），他（她）是一个什么样的人，有什么样的品质和性格，用一两个具体事例进行表现；

3. 用一两句话进行总结、收尾，再次点明谁是我最尊敬的人。

谈谈美食（我的拿手菜）（提纲）

1. 从中国美食谈起：各大菜系——家乡菜

2. 美食有哪些讲究？

3. 我能做美味佳肴吗？我有什么拿手菜？

4. 介绍这道菜的特点：从色、香、味入手。

5. 详细介绍本菜的制作过程：用什么主料、配料和调料，怎样切、炒（炸或炖），用什么样的火候。

6. 简要进行总结。

三、表达说话的过程中应该注意的方面

（一）发音要准确，吐字要清楚

具体注意每个音节声韵调的发音；注意变调、轻声、儿化的运用；音量适中，强弱适度，快慢有别；使语流清晰稳健又富有抑扬顿挫的变化。

（二）用词造句要恰当规范

注意使用生活中常用的口头语词，不用方言词，少用书面语词，语义要准确明白；注意词语使用的多样性，尽量避免同一个词语一用到底。语法方面，尽量选用口语中习惯的简洁短小的句子，注意避免方言语法习惯。

（三）话语要自然流畅

话语是否自然流畅，表现为：停顿是否恰当，语气是否连贯，有没有无意义的重复，有无过多的无意义的口头禅，是否在不必要的地方加了语气词；同时，语调是否自然，有无装腔作势，矫揉造作的毛病。

说话时必须做到语音清楚。语音清楚，是指吐字要清晰，发音要到位，发音方法要准确，并且要注意变音、变调。这样做是为了避免发出错误的或有缺陷的音。如果发音时把声音停留在喉咙里，就会给人含混不清的感觉；速度太快，就会产生滑音、叠字现象。这些都是形成发音有错误或缺陷的原因。

方音最明显的体现是说话时声调存在调型错误与缺陷现象，其次体

现在声母与韵母的发音错误与缺陷类别中。另外轻重音处理不合理、语气词使用不当、句调单一等都会使说话时带有方音。

词汇不规范主要指使用方言词、生造词的情况；语法不规范一般指带方言性质的与普通话的语法不一致的现象。

不规范词语如："家私"（家具）、"妈咪"（妈妈）、"脚踏车"（自行车）等；

不规范的句子如"我好不好来?""他是两年前毕业下来的。""他有想过。"等。

几种常见的语法错误：

1. 成分残缺，丢掉一些必要成分。如：我已经开始对这件事情了。

2. 搭配不当，主要表现为动宾搭配不当，修饰词与中心词搭配不当等。如：他拼命在房间里吃啤酒、吃烟。

3. 语序不当，主要表现为定、状、补等句子成分位置不当。如：天底下哪有这样的人蛮不讲理的，颠三倒四地说出来的话。

4. 结构混乱，主要是指一个句子当中，两种句子格式套用。如：我真想有一天我能成为一名光荣的人民教师是我的梦想。

口头表达时，有时为了强调某个意思，加深听众的印象，可以有目的地重复某个句子。但是频频出现机械的无意义的重复，会严重影响表达效果。例如有的人老是重复一句话的末尾几个音节，甚至不管这个音节是否是一个词，这样重复多了就会令人生厌。还有一种现象就是有些人总是不自觉地在句子中间夹入一些口头禅，如"嗯""啊""这个""的话""就是说"等。这是一种典型的毫无意义的冗余部分，它使语句断断续续，听话人听起来很不流畅，因此一定要避免这种口头禅。

话题示例及训练题目：怎样跟同学（或同事）相处

求学时期，我们交往最多的就是同学，那么，怎样才能和同学友好相处呢?

要和同学友好相处,首先要互相尊重,互相理解。由于各人的民族风俗、生活习惯和脾气性格都不相同,这就要求我们要尊重同学的宗教信仰、风俗习惯和性格特点,不能自己想怎么做就怎么做,而不考虑他人的要求,伤了和气。

要和同学友好相处,无论是在生活上还是学习上都应该互相帮助,共同提高。同学的基础和爱好不同,各门功课的程度也往往不同,这就需要大家一块讨论,互相启发,共同探讨疑难问题,会有很大的收获。当同学生病时,要细心照料,当同学生活上有困难时,要主动伸出友爱之手,帮助他渡过难关。要知道,你真诚的关心,就像是雪中送炭,会温暖同学的心。

要和同学友好相处,就不能自私自利,一切总为自己着想,要想想自己能为别人做些什么。俗话说:"一个篱笆三个桩,一个好汉三个帮",离开了同学和朋友的友情和帮助,你不会也不可能有一个好心情。

因为没有社会上诸多的利益之争,人际关系比较单纯,所以,同学间的友谊也往往是最纯洁的。但愿你能和同学友好相处,在收获知识的同时也收获一份纯真的友情。

题目:自然环境和我(谈谈对环境保护的认识)

人类要生存,就需要一个良好的自然环境。日常生活中,每一个人都需要有清新的空气、洁净的用水,还有碧草、蓝天、花香,等等。而我们现在的自然环境又是怎样的呢?

肆虐的狂风,满天的黄沙,光秃秃的山岭,浑浊的河水,遍地飞散的白色垃圾。这就是我们今天常见的景象。面对这些,你可曾想到,山清水秀是否已属于过去,不久的将来,我们是不是还能喝到干净的水,吃上放心的饭？那么，这一切又是为什么？其实，这一切的根源都在于我们自己。

首先，乱砍滥伐使本来不多的森林在迅速减少，不合理的垦荒使大量湿地遭到严重的破坏甚至消失，许多野生动物失去了赖以生存的环境，加上大肆的捕杀使它们的种类急剧减少甚至灭绝；毫无节制地使用使大量草场耕地沙漠化、石漠化。

其次，盲目的工业建设和发展，单纯的经济利益的追逐，导致了各种污染的加剧，河流失去了往日的清澈，工业区及其周围的空气中悬浮着大量粉尘和有毒气体。

另外，我们的一些不良的生活习惯，生活垃圾的日益增多，对生活资源的极大浪费，也是造成环境恶化的一个重要原因。生活需要良好的自然环境。我们需要保护环境，改善环境。保护环境必须从现在做起，从我做起，从小事做起。首先要树立良好的环保意识，了解有关环保的知识，并且自觉地进行宣传。其次，要有切实的行动。要节约用水用电；不乱扔乱倒垃圾；充分利用可以利用的物件和资源，减少生活垃圾的产生；积极参加种草种树的活动。如果人人都有了这样的意识，自觉地行动，自然环境就会逐渐得到改善。

题目：我最喜欢的一部电影

电影要打动人，一要故事好，二要演员演技高。美国电影《廊桥遗梦》就是这样一部不可多得的好电影。

《廊桥遗梦》讲述了一个中年人的爱情故事：住在偏僻小镇的农妇弗朗西斯邂逅了自由不羁的摄影师罗伯特·金凯（以下简称罗），二人从相识相交到相恋，只有四天，但这四天却照亮了二人以后的漫长岁月。说这故事好，是因为其一，爱情是人类永恒的主题。和弗朗西斯一样，谁都需要有被爱的感觉。于是，人们乐于看到：弗朗西斯与罗伯特在饭后闲谈（听着老歌），罗伯特让弗朗西斯发现她是独特的、与众不同的、受尊重的，最重要的是她自己是被爱的。于是，生活一下子充满了阳光般的激情，而这，才是真正的生活啊！其二，弗朗西斯没有跟罗伯特走，因为丈夫和儿女需要她，她留下来，保全了这个家。我为这选择感动，这非自私的爱是高尚而神圣的。因为告别，这爱才永远像梦一样令人神往，才永远使他们保持爱的激情，使这爱天长地久。

我欣赏扮演弗朗西斯的梅瓦尔·斯特里普的演技。简单挽起的头发，不加掩饰的皱纹，她就是一个普通农妇。而且，她的眼睛会说话。与罗伯特在一起，她的眼神交织着愉快和幻想；与罗伯特告别，她的眼神又在诉说痛苦绝望和忍耐。还有告别时她真情的泪水，就像车窗外的雨，永远也抹不完。

我希望能够欣赏到更多的这样的好电影。

说话技能训练：从 30 个说话题目中任选一题，说 3 分钟

由于每个人年龄、性格、职业等的差异，"命题说话"规定的 3 分钟时间内所表达的音节量会有一定差异。按照一般的语速，3 分钟的口语表达应该有 800 音节量。音节量不足，会影响对普通话水平等级的评判。

中篇　口语表达综合训练

第四章 一般口语交际训练

第一节 语音技巧在一般口语中的具体运用

声音是口头语言的载体。教师声音美不美,直接影响表情达意的效果。一般说来,教师在语音运用方面常存在以下问题:一是方音较浓,普通话水平不高;二是声音过低,音量达不到特定要求;三是声音沙哑,嗓音过于尖细,鼻音太重;四是口齿不清,咬字不实,音节含混不清;五是语速不当,过快或过慢,不能根据思想内容、感情色彩的变化调整语速;六是语气单调,缺乏抑扬顿挫。教师要使自己口头语言在音质上圆润动听,在音量上高低适宜,在语速上快慢合拍,在音色上纯正悦耳,就要着力于从语音技巧的训练开始。

一、音量调节训练

教师运用口语进行工作,首先要会正确地用气发声。改善教师说话声音不能持久,容易"哑""破",或者声音稍偏高、偏响就脸红脖子粗,乃至青筋毕露等问题。

吸气训练:站立,胸自然挺起,两肩下垂,不能耸起,小腹微收。

如闻花香一样，感觉两肋渐开，将气吸收肺底至八成满。

呼气训练：呼气要平稳，有控制，要随内容和情感的变化调节呼气的快慢、强弱。

（一）数数字练习

一口气从 1 数到 30，声音要规整、圆润，不感到挤压、力竭。

（二）数葫芦练习

一口气数十个葫芦，一个葫芦、两个葫芦、三个葫芦……

（三）数枣练习

出东门，过大桥，大桥底下一树枣，拿着竿子去打枣，青的多，红的少，一个枣……十个枣、九个枣……一个枣，看谁数得快又好。

要注意音量适中，运用自己的耳感进行监听调节，调节时注意：

（一）音量不宜过低

声音应清楚地直达坐在最后一排学生的耳中。有时适当地放低音量，学生会感到亲切，但要低得合理、合度，做到：低而不虚、沉而不浊，有一定的内在力量。

（二）音量不宜过高

用声以中音区为主，这样教师说得轻松，学生听了也不觉得累。

（三）音色不宜过亮

过亮的声音显得尖利、单薄，情味不浓。音色暗一些，有助于沟通和交流。

（四）音量不宜过平

就一堂课的教学进程而言，导入、讲授、提问、诱导等教学环节，其口语的音量应有变化，有时甚至可以有明显的落差。

开嗓训练：

朗读一首古诗给距离你 30 米远的人听。

登鹳雀楼

王之涣

白日依山尽，黄河入海流。

欲穷千里目，更上一层楼。

控嗓训练：

同学们，我们今天学习《少年闰土》这一课。闰土是谁呢？这篇课文在介绍这位少年时，描绘了这样一幅动人的画面：深蓝的天空中挂着一轮金黄的圆月，月亮底下，海边沙地上，是一望无际的碧绿碧绿的西瓜地。夜深人静，田野静悄悄，就在这碧绿的瓜地里，一个十一二岁的少年项带银圈，手捏一柄钢叉，向一匹偷西瓜的猹尽力地刺去……这少年就是闰土。他是一个勇敢机灵、活泼可爱的少年！鲁迅先生用他生花的妙笔，将"少年闰土"这一生动鲜明的形象，塑造得栩栩如生！我们今天就来仔细研究一下，鲁迅先生是怎样具体地写少年闰土的。

二、清晰表达训练

从发音方面说，教师说话，出口要干净利落，每个字的吐字归音都毫不含糊。

桃子李子梨子栗子橘子柿子榛子栽满院子村子和寨子；蚕丝生丝熟丝缫丝染丝晒丝纺丝织丝自制粗丝细丝人造丝；名词动词数词量词代词副词助词连词组成诗词唱词和快板词。

从表意方面说，说话要确切明达，决不模棱两可。

小朋友，喜欢小动物吗？今天，老师也带来了一只，看，这是什么？（出示松鼠图）还有谁说得更好一点？（提示这是一只什么样的小松鼠）小朋友喜欢这只松鼠吗？那么接下来小松鼠会发生什么事呢？

小朋友想不想知道？（贴上笼子、窗户，笼上有锁）小松鼠怎么啦？小松鼠被谁关起来了？为什么会被关起来呢？同座位的同学互相说一说，谁来说说小松鼠被谁关起来了？为什么会被关起来？

三、流畅表达训练

教师说话要"知而能言、言之能顺"。它反映在两个方面：

一是说一段相对完整的话时，不卡壳，说得流畅，没有口头禅，出语干净。

二是答疑接话时，要应对敏捷，说得流畅。

这个嘛，这幅图，当然是中国地图，也是中华人民共和国的地图。嗯……是我们祖国，我们国家就这么大，当然，是960万平方公里，对不对？这是我们祖国，这个祖国，为什么叫祖国，当然，我们看，看看这几个人就知道了。这是男的，有胡子，当然是老人，我们爷爷当然有胡子咯。女的是奶奶，很老，当然是奶奶。这个……嗯……还有小孩，他们喊他们什么呢？是……当然。爷爷奶奶。他们大家住在什么地方呢？当然住在我们中国。嗯……那么好了，我们的爷爷奶奶、祖父祖母，当然，还有爸爸妈妈，当然还有更早的祖先，当然是我们的祖祖辈辈，嗯……都一直生长在这块土地，这个国家，所以叫作"祖国"。

四、语调的运用

据一份调查资料表明，教师如采用变换语调进行教学，学生的学习情绪会更加兴奋，注意力更集中，反应较灵敏，学习正确率可以达98%。所以教师应根据不同教学内容和教育情境，调节自己的语调类型，时而高亢、激烈些，时而平稳、舒缓些，这样有助于增强教育教学效果。

同是一个表应答的词语"嗯"，教师在对学生的回答做出反应时，有以下几种情况：

轻降调：答对了，表示认可。

重降调：答得很正确，表示肯定。

曲升调：完全答错了，表示惊疑。

曲降调：创造性地答出，表示惊叹。

升调：答偏了，表示提醒。

长平调：答对一部分，表示思索。

《我的战友邱少云》的教学片段

作者不敢看不是害怕而是不忍看，我同意这种说法。火烧在战友身上，疼在作者心里，作者怎能看着战友活活烧死呢？但为什么非看不可呢？作者与邱少云心连着心，他们之间的深厚感情又怎能使作者忍住不看呢？作者被邱少云的崇高精神感动了，发出感慨：多么可爱的战友，多么了不起的战士啊！

五、重音的运用

重音是指说话时为了表意的需要对句子中的某些词语从声音上加以突出的现象。同一句话，重音不同，意义就不一样。

我没说他打人。（别人可能说了）

我没说他打人。（谁说我说了）

我没说他打人。（我只是心里猜测而已）

我没说他打人。（可能别人打了人）

我没说他打人。（我是说他骂了人）

我没说他打人。（我是说他打了狗）

《桂林山水》一课的小结

《桂林山水》一文一开始就告诉我们"桂林山水甲天下",风景是全世界一流的。

这样一来,使得我们要到那里去,荡舟漓江,观赏桂林的山水。看见漓江的水,真静啊,真清啊,真绿啊。作者高度赞扬了漓江的水。进一步又赞扬了桂林的山,真奇啊,真秀啊,真险啊。最后作者说,这样奇、秀、险的山围绕着这样静、清、绿的水,这样的水倒映着这样的山,再加上"空中云雾迷蒙,山间绿树红花,江上竹筏小舟","好像进入连绵不断的画卷",就叫作"美如画",最后作者用诗句"舟行碧波上,人在画中游"结束全文。

六、顿连的运用

强调性顿连,为突出即将要说的话,在开口之前设置;

回味性顿连,为让学生体会、感悟教师的表述,在说了以后设置;

过渡性顿连,为显示语义转换而设置的顿连;

反馈性顿连,为了探询学生的学习情况而设置;

情感性顿连,在情感大起大落处设置。

综合练习:

根据下面的提示,用不同的语气、语调说:

这是你写的作业。

高兴——这太好了!真是大有进步!

怀疑——这不可能吧?是抄的吧?

惊讶——真没想到,你不是一贯不交作业吗?

惋惜——唉!你不该写成这样啊!

轻蔑——你没这本事,这不是你写的作业。

责备——简直太不像话了!

七、拟声的运用

在课堂教学,尤其是语文课的教学中,教师恰当地运用拟声,能有效地渲染气氛、烘托情境,生动地再现人物,把学生带进如见其人、如闻其声、如临其境的艺术境界,大大增强学生的学习兴趣。

《渔夫的故事》:以一种低沉而充满杀机的瓮音来模拟魔鬼的腔调,突出魔鬼的狰狞可怕。

你好啊,渔夫!谢谢你救了我。但是,我立刻就要杀死你。说吧,你选择怎么样死法?

《狐狸和乌鸦》:用一种高而尖的夸张音调模拟狐狸奉承乌鸦的口吻,读得油腔滑调,突出狐狸的狡猾。

亲爱的乌鸦,您的羽毛真漂亮,麻雀比起您来,可就差多了。您的嗓子真好,谁都爱听您唱歌。您就唱几句吧!

八、气音的运用

有时为了表达特殊的需要,人们说话时会有意控制声门,使声带放松,让气流不振动或轻度振动声带,发出气声相混、气大于声的音来,这种类似耳语的声音就是气音。在教学中有时可以借助气音来表现特定人物的口吻,渲染环境气氛。

(一)气音在朗读时的运用

陈然利用放风的机会,拖着脚镣,踱到黄显声的窗口附近,轻声说:"我要看报!"(《挺进报》)

可是前面有一条小河拦住了去路,河水哗哗、哗哗地流着,小马为难了。(《小马过河》)

（二）气音在组织课堂教学时的运用

1. 课堂上用气音提醒注意力不集中的同学。
2. 自习课用气音指导同学。

九、笑语的运用

笑语有两层含义，一是指单纯的笑声，二是指话语中带有笑声。

哈哈！还是我的记性好。（爽朗的笑）

她从来不打骂我们，仅仅有一次，她的教鞭好像要落下来，我用石板一迎，教鞭轻轻地敲在石板边上，大伙笑了，她也笑了。（会心的笑）

我不觉笑道："噢！自然界也有侵略者。该怎么对付大黄蜂呢？"（释然的笑）

这些海鸭呀，享受不了生活的战斗的欢乐。（轻蔑地笑）

练习：朗读《月光曲》

注意通过速度、节奏、轻重音和必要的角色及语调变化，体现作品的主题思想。

两百多年前，德国有个音乐家叫贝多芬，他谱写了许多著名的乐曲。其中有一首著名的钢琴曲叫《月光曲》，传说是这样谱成的。

有一年秋天，贝多芬去各地旅行演出，来到莱茵河边的一个小镇上。一天夜晚，他在幽静的小路上散步，听到断断续续的钢琴声从一所茅屋里传出来，弹的正是他的曲子。贝多芬走近茅屋，琴声突然停了，屋子里有人在谈话。一个姑娘说："这首曲子多难弹啊！我只听别人弹过几遍，总是记不住该怎样弹。要是能听一听贝多芬自己是怎样弹的，那有多好啊！"一个男的说："是啊，可是音乐会的入场券太贵了，咱们又太穷。"姑娘说："哥哥，你别难过，我不过随便说说罢了。"

贝多芬听到这里,推开门,轻轻地走了进去。茅屋里点着一支蜡烛。在微弱的烛光下,男的正在做皮鞋。窗前有架旧钢琴,前面坐着一个十六七岁的姑娘,脸很清秀,可是眼睛失明了。

皮鞋匠看见进来个陌生人,站起来问:"先生,您找谁?走错门了吧?"贝多芬说:"不,我是来弹一首曲子给这位姑娘听的。"

姑娘连忙站起来让座。贝多芬坐在钢琴前面,弹起盲姑娘刚才弹的那首曲子。盲姑娘听得入了神,一曲弹完,她激动地说:"弹得多纯熟啊!感情多深哪!您,您就是贝多芬先生吧?"

贝多芬没有回答,他问盲姑娘:"您爱听吗?我再给您弹一首吧。"

一阵风把蜡烛吹灭了。月光照进窗子,茅屋里的一切好像披上了银纱,显得格外清幽。贝多芬望了望站在他身旁的兄妹俩,借着清幽的月光,按起了琴键。

皮鞋匠静静地听着。他好像面对着大海,月亮正从水天相接的地方升起来。微波粼粼的海面上,霎时间洒满了银光。月亮越升越高,穿过一缕一缕轻纱似的微云。忽然,海面上刮起了大风,卷起了巨浪。被月光照得雪亮的浪花,一个连一个朝着岸边涌过来……皮鞋匠看看妹妹,月光正照在她那恬静的脸上,照着她睁得大大的眼睛。她仿佛也看到了,看到了她从来没有看到过的景象,月光照耀下的波涛汹涌的大海。

兄妹俩被美妙的琴声陶醉了。等他们苏醒过来,贝多芬早已离开了茅屋。他飞奔回客店,花了一夜工夫,把刚才弹的曲子——《月光曲》记录了下来。

第二节　修辞方式在一般口语中的具体运用

修辞就是修饰言辞，口语修辞的作用就是运用各种修辞格，使表达显得形象、鲜明、生动、活跃，具有丰富的表现力。

一、修辞的种类

（一）比喻

古人说："善喻者，以一言明数事；不善喻者，百言不能明其意。"教师在教育教学口语中运用比喻有如下几种作用：

1. 以浅喻深，化深为浅
2. 以简喻繁，化繁为简
3. 以熟喻生，化生为熟

比喻有明喻、暗喻、借喻三种。

如："江南的夏夜，蛙声似潮，月色如银。"

老师是辛勤的园丁，儿童是祖国的花朵。

我们抓工作就是要学会弹钢琴。

《我爱吃水果》的教学片段：

香蕉弯弯的像月亮——像月牙——像小船——像镰刀

新奇独特的比喻，可构成幽默的情趣。历史教师讲到十九世纪英德争霸时说："德国作为帝国主义筵席上的迟到者，是根本不满足只得到的一些残汤剩菜的，它像一个吃不饱的饿汉子，自然首先盯着英国的那个大盘子——相当于英国本土面积一百多倍的殖民地。"比喻形象、风趣地揭示了英德之间尖锐的矛盾。

我国著名语言学家和语言教育家张志公先生说过："过去教语文，往往忽视口、耳，只重视手、眼，这是砍掉植物的根而希望它开花的办法，充其量这叫插花，也许能开两朵花，然而开不多，也开不久。"张先生用一个浅显的比喻，形象地指出了口语教学的重要性。

（二）比拟

比拟就是把人当成物或把物当作人来描述，或者把这种物当作那种物来描述。比拟也是形象思维的重要表现方法之一，这种修辞方式运用得好，可以给人鲜明、生动的印象，也可借此抒发自己强烈的思想感情。

如："满天的星星都在眨眼欢笑。"

（三）夸张

为了表达上的需要，教师引以运用丰富的想象，对客观事物进行扩大或缩小的描写。

如"飞流直下三千尺，疑是银河落九天。""连一根针掉在地上都听得见响！"

从表达方式看，夸张可分为扩大夸张，缩小夸张、超前夸张；从表达形式看，夸张又可分为直接夸张和间接夸张。

运用夸张要以真实为基础，抓住并突出事物的本质，不能脱离现实生活，漫无边际地说大话、空话；同时又要明确，使人一听就知道是夸张。

117

（四）对偶

对偶就是用字数相等、结构相同或相似、语义相关的两句话排列在一起表达出来。对偶由于形式整齐、节奏匀称、对比鲜明，使人听了后容易记住，印象也十分深刻。如"墙上芦苇，头重脚轻根底浅；山间竹笋，嘴尖皮厚腹中空""横眉冷对千夫指，俯首甘为孺子牛"。

（五）排比

排比利用意义相关或相近，结构相同或相似和语气相同的词组（主、谓、动、宾）或句子并排使用（三句或三句以上），达到一种加强语势的效果。

（六）仿拟

仿拟就是仿照现成的格式，临时模拟出一种新的说法来。在口语交际中，说话者根据当时的语境，将前一句话中所提及的某一事物信手拈来，改变它的某些成分而构成的新词、新句、新调。如"晋善晋美""醉美烟台"。

（七）回环

回环是把前后语句组织成穿梭一样的循环往复的形式，以表达不同事物间的有机联系的一种修辞方式。前一句的结尾就是后一句的开头，后一句的结尾又是前一句的开头。如"来者不善，善者不来""用人不疑，疑人不用"等。

（八）闪避

在日常语言交际中，我们经常会碰到一些自己不能回答、不便回答的问题。对此，又不好不予理睬或拒而不答。这时，只有想方设法地闪避，才是上策。

闪避的要求是：对别人所问，应当回答；但要答得巧妙，迂回地达到闪躲、回避别人所问的目的。既要让别人不致难堪下不了台，又要维护自己不能答或不便答的原则。

二、对比

在教学过程中，通过对比显同见异，是常用的技巧。

霍懋征老师以"伯牙和子期"的故事引导学生理解《月光曲》中贝多芬给茅屋里的盲姑娘弹琴的动因。

古时候有两个人，一个叫俞伯牙，一个叫钟子期。伯牙喜欢弹琴，弹得非常好，钟子期在一旁听着，十分欣赏。一次伯牙刚弹到描写高山的曲子时，钟子期就情不自禁地说：'善哉！峨峨兮若泰山！'（弹得真好啊！山哪，高峻得像泰山一样！）当伯牙弹到描写流水的曲子时，钟子期又说：'善哉！洋洋兮若江河！'（妙啊，水盛大得像江河！）伯牙非常高兴，觉得世界上再没有像钟子期这样了解自己的人，他是自己的知音。后来，钟子期死了，伯牙就再不弹琴了，因为……

老师还没有说完，学生甲已抢着说："老师，我明白了，盲姑娘就像钟子期一样，是贝多芬的知音。贝多芬既同情盲姑娘的不幸，又看到她是自己的知音，所以心情很激动，愿意为盲姑娘弹过一曲又一曲。"

三、直表

教师在传授知识时，必须具备直表的能力。这样有助于传递比较密集的知识信息，调动学生积极思考，给他们以清晰完整的印象。

直表的要求：用词力求准确精当、通俗易懂；语句简洁、明快；语气确定，重音落点清晰、确切，句间顿连干净利落。如下面的教学片段：

师：最后这三个自然段，老师请小朋友自己读，自己学着提问，自己解答。

师：大家读懂这三个自然段了吗？

生：懂了。

师：蘑菇该奖给谁？

生：小白兔。

师：为什么？

生：因为它敢和高手比。

师：课文中的高手指的是谁？

生：骏马。

师：对，骏马是跑得最快的一种动物，而弱小的小白兔敢和骏马比赛跑，不怕失败，又不甘心落后，努力拼搏，真是我们学习的榜样。

四、委婉

直表方式用于知识传授是必要的，但在不同的教育教学情景中，有时绕个弯子，用曲折、委婉的方式说，效果会好得多。委婉表达常常是在出语前后对语音、语态、语意等方面做如下变通处理：急变缓，直变曲，明变暗。

直表：没有救过落水小孩，却胡乱编出一个救落水小孩的事，这样的作文不真实，快拿回去重写！

委婉：写作文要真实，是不是？你没有救过落水小孩，却乱写出自己救落水小孩的事，愿不愿意把作文拿回去重写？

直表：肖像描写？不对！还有对话描写呢！

委婉：你说得对，是用了肖像描写，如果再加上对话描写，就说得更全面了。

教师甲：喂，怎么搞的？你们动了脑筋没有！

教师乙：（面带笑容）哪个同学能把问题的范围再缩小一些？谁能说得再明确一点？同学们想一想，能不能再说得具体些？

五、暗示

苏霍姆林斯基认为教育技巧的核心是暗示。

暗示语的特点是：不把话挑明，以对方可接受的事理暗比本意，言此意彼，促使对方自觉和自省。如用商讨语气暗示，用模糊语意暗示，用赠言暗示，以及用目光、手势、表情暗示，等等。

【示例】

课堂上教师正讲得投入时，发现学生或说话，或偷看课外书……我们如何处理这些事件？当学生个体的违纪行为没有影响到其他同学时，教师可采用此方法。如走到一位正偷看课外书的学生跟前，轻轻地咳嗽一声，或者轻轻敲一下其课桌。学生"心领神会"，便会自动放下课外书，投入学习活动。如果该生未察觉，或者根本不领情、不买账，教师则可出其不意地提出一个问题让其回答。这样，学生的注意力便集中到课堂上来了。

请将下面两句话改为委婉或暗示的说法

1. 大家说得很零碎，现在由我来归纳。

2. 好，下面我们请一位同学到黑板上做这道题，其他同学在下面自己做，注意，作题时不要偷看黑板上的，也别磨磨蹭蹭，东张西望，都给我自觉点！

练习：运用所学过的修辞方式设计一段教育或教学口语

物理：平衡力是作用在同一个物体上，大小相等方向相反并且在一条直线上的两个力；作用力与反作用力是作用在两个不同物体上……

六、口语化和口语儿童化

教师口语表达有书面语色彩，同时又要重视口语化。教师职业语言虽然是口语，却与日常口语有许多不同之处。

在口语化的基础上，还应注意教师口语的儿童化。口语的儿童化与儿童口语不可混为一谈。教师应以规范化的口语给学生以良好的影响，而不是向儿童不成熟的表达靠拢。其表达特点是：词语运用的儿童化，句式运用的儿童化，语情语趣的儿童化。

（一）词语口语化

书面词与口语词

部署—安排　黎明—早晨　受损—吃亏　诞辰—生日　会晤—见面
谄媚—拍马　褴褛—破烂　询问—打听　孤掌难鸣——一个巴掌拍不
响　一曝十寒—三天打鱼，两天晒网　耄耋之年—七老八十

（二）句式口语化、儿童化

诗人在这首诗中系统地、具体地详细地给我们介绍了一个遭遇不幸的妇女与那个坏男人相识、恋爱、结婚，以致后来被虐待、被遗弃的完整过程。(《氓》的书面化教学片段)

诗人在这里，叙述了一个遭遇不幸的妇女的故事。先写她同那个坏男人相识、恋爱，接着写他们成家，最后写她怎样被虐待，甚至被遗弃的事。整个过程写得详细、具体、系统、完整。(《氓》的口语化教学片段)

练习：将下面书面色彩较浓的描述进行口语化、儿童化的改造。

蔚蓝的天空没有一丝云。潺潺的流水从鹅卵石中间穿过，鹅卵石在

清澈的水中忽隐忽现，清晰可见。溪边端坐着一位老者，面庞清癯，双目炯炯有神。

小公鸡和小鸭子一块出去玩。它们一块走到草堆旁，小公鸡的嘴尖尖的，在草堆中找到很多虫子，吃得很欢。小鸭子的嘴扁扁的，捉不到虫子，急得直叫。

冬去春来，冰雪消融。青蛙苏醒产卵了，水中出现点点蝌蚪；枯树嫩芽初绽，柳树披上绿绦。春燕纷飞，蜂蝶飞舞，春风吹拂，春雨飘洒，农家已开始春耕，播种。好一派美丽春光。

修辞综合训练

（一）仿说

师：什么叫冬眠？最近《少年科学》上有一篇文章，就是讲冬眠的，老师读给你们听听，可有意思了。冬天天冷了，植物都枯萎了，很多动物都找不到吃的东西，怎么过冬呢？它们各自都有巧妙的办法。青蛙、蛇、乌龟这些动物就是靠睡觉来度过寒冷的冬天，这就叫"冬眠"。动物在冬眠的时候，身体变冷了，心跳得很慢，呼吸也减少了，不吃也不动，就跟我们睡觉差不多。睡觉的时候，肚子还会饿吗？

生：不会。

师：要是白天，一天不吃东西，肚子要饿得咕咕叫了。可是，睡觉的时候，肚子就不容易饿了。再说一件有趣的事给你们听听。曾经有一只青蛙，在美洲墨西哥的矿井里冬眠了两百万年。当人们发现它的时候，它还没有死呢！冬眠的动物到了春暖花开的时候，就慢慢地苏醒了，醒来以后就大口大口地呼吸新鲜空气。它的身体慢慢地活动起来，随着天气的转暖，它们又恢复了原来的样子，蹦蹦跳跳，到处找吃的了。苏醒之前就叫冬眠。

（二）讲故事：《猫和老鼠》

很早很早以前，猫并不吃老鼠。

有一只猫和一只老鼠住到了一起。

冬天快到了，它们买了一坛子猪油准备过冬吃。老鼠说："猪油放在家里，我嘴馋，不如藏到远一点的地方去，到冬天再取来吃。"猫说："行啊。"它们趁天黑，把这坛子猪油送到离家十里远的大庙里藏起来。

有一天，老鼠突然说："我大姐要生孩子，捎信让我去。"猫说："去吧，路上要小心狗。"

天快黑时，老鼠回来了，肚子吃得鼓鼓的，嘴巴油光光的。猫问："你大姐生了啥?""生个白胖小子。"猫又问："起个什么名字?"老鼠转一转眼珠说："叫，叫一层。"

又过了十来天，老鼠又说："我二姐又要生孩子，请我去吃饭。"猫说："早去早回。"老鼠边答应边往外走。

天黑了，老鼠回来了，腆着肚子，满嘴都是油。猫问："你二姐生了啥呀?""生个白胖丫头。""起个什么名字?""叫一半。"

又过了七八天，老鼠又说："我三姐生孩子，请我吃饭。"猫说："别回来晚了。"

天大黑时，老鼠回来了，一进屋带来一股油味，对猫说："我三姐也生了白胖小子，起名叫见底。"

三九天到了，一连下了三四天的大雪。猫说："快过年了，什么食儿也找不到，明天咱把猪油取回来吧。"

第二天一早，老鼠走在前边，猫跟在后边，奔大庙走去。

到了大庙里，猫第一眼就看到过梁上满是老鼠的脚印，坛子像被开过。猫急忙打开坛子一看，猪油见底了。猫一下子全明白了，瞪圆双眼大声说："是你给吃见底了？"老鼠刚张口，见猫已经扑过来，就转身跳下地。猫紧追它，老鼠眼看就要被猫追上了，一急眼，钻到砖缝里去了。

后来，老鼠见猫就逃，猫见老鼠就抓。

第三节　态势语在一般口语中的具体运用

一、定义

态势语，也称"体态语""身势语""人体语言"，它是用表情、手势和体态动作来交流思想感情的语言辅助工具。

《义务教育语文课程标准》指出："语文教师应高度重视课程资源的开发与利用，创造性地开展各类活动，增强学生在各种场合学语文、用语文的意识，多方面提高学生的语文能力。学生生理、心理以及语言能力的发展具有阶段性特征，不同内容的教学也有各自的规律，应该根据不同学段学生的特点和不同的教学内容，采取合适的教学策略，促进学生语文素质的整体提高。"这就要求语文教师根据学生的实际情况，挖掘课程资源，采取创造性策略开展语文课堂教学，从而提高学生的语文素质。语文教学在运用有声语言的同时，必须恰当地结合手势、表情、动作、眼色等来加强表达效果，增强直观性，加深学生的印象，弥补口头语言的某些不足。美国心理学家阿尔培根认为，人的信息是由三个方面组成的：55%的体语+38%的声调+7%的言辞。从这一研究中我们不难看出体态语言在语文教学中的重要作用。

二、态势语的作用

（一）态势语在教学中的作用

1. 强化语义表达

词语教学中，对课文中一些词语意思的诠释，如教学"警惕""搜寻""发现""拈弓搭箭""运足""拉开"等动词，教师做一遍这些词语的动作，再让学生做一遍这些词语的动作，就使学生加深了对这些词语的理解，甚至对组成这些词语的字的读音都记忆犹新，这就大大增加了学生学习的情趣。例如，在教《孔乙己》这一课时，只要抓住排出九文大钱的"排"字和摸出四文大钱的"摸"字进行演练，学生对课文内容就基本理解了。如，教《笋芽儿》一文时，在朗读课文后，我们可以让学生一起表演笋芽儿是怎样"向上，向上，再向上"的，学生从座位上根据课文字意慢慢站起，演出许多笋芽儿陆陆续续从地面冒出来的景象。这种群体表演，往往可以调动学生的积极情绪，对调控课堂气氛起重要作用。

2. 激发学习兴趣

在语文教材中，体裁各异的课文有很强的故事性和鲜明的形象性，语文教师根据教材内容创设情境，恰当地运用态势语言，就能培养学生的学习兴趣，提高教学效果。因此，阅读课堂中态势语言表演深受学生的青睐，备受学生的欢迎。

3. 组织课堂教学

教师在课堂上的一言一行，无时不在濡染着学生的心灵，感染着学生的情绪。一个善意的眼神、一个亲切的微笑、一个鼓励的手势，就如催发感情的高效酵母，胜过千言万语。教师在教学中随教材内容自然而然地流露出的喜、怒、哀、乐的表情变化和适当的手势与动作，一方面可以传递其丰富的内涵，增强情感表达的形象性，另一方面可以扩大对学生感官的刺激面，容易引起和保持学生大脑皮质的兴奋，对调节课堂气氛、引发学生的求知兴趣、提高课堂教学效果将有很大的帮助。

（二）态势语在教育中的作用

1. 在学生感到伤心需要安慰时，通过眼神、动作（拍拍肩膀）关怀安慰学生。

2. 在学生取得成绩时，通过眼神、手势（竖起大拇指）表扬鼓励学生。

3. 在学生犯了错误时，用严厉的眼神提醒教育学生。

三、态势语的基本要求

（一）得体

听说双方的态势语运用要同特定的口语交际的场合和目的相符合，要与听说双方的年龄、身份等相符合。

（二）自然

态势语运用要随情所致，自然大方，是内容、情感的自然表达，是个性风格的自然流露，要有一定的美感。如：微笑等。

（三）适度

态势语运用的幅度要注意把握分寸，动作幅度不宜过分夸张，形式不宜复杂；力度和频率要适中，要有助于口语表达。不宜过多，或"手之舞之足之蹈之"变成"舞蹈课"；也不宜过少，变成"哑巴课"。

四、教师态势语的技巧

(一) 仪容

民间俗话："不以衣貌取人"。但随着社会的发展，现代社会越来越重视人们在公共场合的仪容。

衣着原则——TPO 原则

T（time）：着装要注意季节与时代。

P（place）：着装要注意场所。

O（object）：着装要注意交际对象、目的。

教师仪容的总原则：不能花枝招展，但也不能不修边幅。穿着打扮这一无声语言所传递的种种信息，常会使学生形成一定的印象。

中山装、西装——严肃

T 恤——随便

穿着时髦、涂脂抹粉——新潮

穿着奇异、扮相特别——浪漫

穿名牌高档，戴贵重饰物——富有

普通、价廉的衣服——俭朴

讨论：

你喜欢什么样穿着打扮的老师，设想你第一次登上讲台时的服饰，并说明你希望向你的学生传递什么信息。

(二) 身姿

古人云：站如松，坐如钟，行如风。

1. 站姿

自然式：两脚平行或略呈八字形，双距与肩同宽。

前进式：重心均衡分布在两脚之间或根据表达需要落在前脚。

丁字步：两脚呈丁字站立。

教师的站姿要端庄、挺直，精神饱满，弯腰驼背会让人感到精神不振。教师讲课站累了，可将重心轮换，再放在另一条腿上，作稍息的站姿。但身体不要后仰、歪斜或左右摇晃，腿不要下意识地抖动。不要长时间将双手撑在讲台上或将上身俯在讲台上。

2. 坐姿

不同的坐姿反映不同的心理。严肃坐姿：

落座在位置的前半部，两腿平行垂直，两脚落地，腰板挺直——说者、听者都十分严肃认真。

随意坐姿：

抬头仰身靠在座位上——倨傲不恭

上身略前倾，头部侧向说话者——洗耳恭听

上身后仰并把脚放在前面的桌子上——放纵失礼

欠身侧坐椅子的一角——谦恭或拘谨

跷起二郎腿不时晃动——心不在焉

频繁变换坐姿——不耐烦

3. 行姿

抬头挺胸，步履稳健而轻捷，手臂自然摆动。不要摇摇晃晃、慌慌张张、拖拖沓沓。

（三）眼神

1. 眼睛是心灵的窗户，不同的眼神体现不同的心理

正视——庄重、诚恳

斜视——轻蔑

环视——与听众交流

点视——有针对性、示意性

仰视——崇敬、傲慢

俯视——关心、忧伤

凝视——专注

漠视——冷漠

虚视——消除紧张

2. 眼神运用的一些不良习惯

眼神黯淡无光。

视线不与对方交流以致冷落听者。

长时间死死盯住讲义、某一位同学、天花板或窗外。

眼球滴溜溜地乱转或眼动头不动。

做手势时手到眼不到。

边想边说时频繁眨眼或闭目思索。

视线频繁转换，飘忽不定，给人心不在焉的感觉。

当众挤眉弄眼。

3. 眼神的正确运用

讲课时始终保持明快、富有神采的眼神。扩大目光的视区，始终将全班同学置于自己的视野之中，并用广角度的环视表达对每个同学的关注。

在讲台上，两眼应略向下平视，看中后方。目光自然、亲切。

与学生交谈，视线应接触学生的脸部。

在口语交际中，根据视线停留的位置区分目光类型。

（1）亲密注视

近亲密注视：对方两眼与胸部之间的倒三角区。

远亲密注视：对方两眼与裆部之间的倒三角区。

（2）社交注视：对方两眼与嘴部之间的倒三角区。

（3）严肃注视：对方前额之间的倒三角区。

（四）表情

人类学家称：仅人的脸就能做出大约 25 万种不同的表情。

教师的表情：

1. 常规的表情：和蔼、亲切、热情、开朗，面带微笑。

2. 变化的表情：随教学内容、教育教学情境而变化。要适度，不可夸张。

讨论：教师的表情语运用不当的常见的情况有哪些？你认为这些表情语可能会对学生分别产生什么样的影响？

提示：麻木式（无生气），僵化式（无变化），虚假式（对学生嘲笑或冷笑）等。

（五）手势

有人说：手是第二张脸。教师在课堂教学中要"以手势助说话"。手势的目的要鲜明，克服随意性。使用手势要适度。

讨论：课堂教学中常见的不良手势有哪些？

提示：抓耳挠腮，抠鼻子，摸头，移眼镜框，手沾唾沫翻书或讲稿，摸胡子，用手敲击讲台，对着学生指指点点，手持教本或教具挡住面部，手势动作过于复杂或基本上没有手势。

训练：

1. 对照镜子，观察自己表示喜、怒、哀、乐之情时的各种表情效果。

2. 列举并评析人们说"我""你""他"时的各种手势，选用你认为最合适的手势进行自练。

表示同一意思的手势往往不止一个。以最简单的手势示意"我"

来说，有以手轻按胸口的，有以食指指自己鼻子的，还有以拇指自指的。

第一种手势一般是用来表示谦虚和诚意的。第三种手势往往用来表示夸耀。

讨论：有的教师上课时喜欢把双手背在身后走来走去，有人认为这是老成持重的表现，也有人认为这种样子像个被逮捕的犯人，你的看法是怎样的？你认为什么样的身姿是教师上课时的最佳形象？

练习：以"我的自画像"为题，在讲台上做 1～2 分钟的讲话，老师、同学一起评价其态势语的运用。

作业：写一篇关于"教师态势语"的文章。

第四节　一般口语表达中的思维训练

古人云：言为心声。"心"即"思维活动"。思维是语言的基础，语言是思维的工具。口语表达的过程实际上就是把思维的结果表达出来的过程。

一个人言语表达能力的高低，首先取决于他的思维能力。

一、思维的方式

（一）形象思维

主要靠两种手段，一是想象，二是联想。

示例：《骄傲的孔雀》教学实录

《骄傲的孔雀》第一句就说："孔雀很美丽，可是很骄傲。"孔雀怎样美丽？教师让学生看着课文中的插图说话。学生说："孔雀美在羽毛，它的尾巴特别美。""孔雀展开尾巴，那美丽的尾巴抖动着，像一把五彩洒金的大扇子。"哪些地方看出它很骄傲？教师让学生在观察图画的基础上，从课文中找到表示骄傲的句子。学生找出"只要看到谁长得漂亮，它就抖动羽毛，展开尾巴，炫耀自己的美丽。""孔雀昂着头，挺着胸脯，拖着美丽的长尾巴，沿着湖边散步。"

（二）抽象思维

运用概念、判断、推理来反映和揭示事物本质规律的思维形式，以抽象性为其特征。

抽象思维是口才最基本的思维形式。它对口才的作用主要表现在对说话的材料、内容、主题进行分类组合、分析、加工、抽象概括，从而使言谈概念明确、判断准确、论证严密、内容完整而又富有条理，能极好地增强口语表达的说服力。

示例：《温暖》教学实录

课文《温暖》中有这样一句话："深秋的清晨是寒冷的，周总理却送来了春天的温暖。"那么联系课文，这里的寒冷和温暖是什么意思呢？教师引导学生这样理解：课文中的"寒冷"是指深秋的气温低，而"温暖"在课文中却是一个比喻，并不是指天气的温暖。

（三）灵感思维

灵感思维又叫"顿悟思维"，是一种很有价值的创造性思维。它带有顿悟性、突发性和出乎意料性，往往突如其来，飘然而至，又稍纵即逝，不可预期，无法等待。在口语表达中，我们同样可以时时发现灵感闪现着它独特的智慧火花。平时有深厚扎实的知识基础，在表达时就会产生超常的意象，就能获得新鲜的感受，从而阐发独到的见解。如奥地利作曲家施特劳斯创作的《蓝色多瑙河》，就是在灵感顿至时，没有带纸，只好脱下衬衣，在衣袖上写成的。

（四）直觉思维

直觉思维是直接的领悟和认识。

示例：特级教师施建平在教学《秋天》一课时，讲完课文中写的小鸟、小牛、小鹿分别把秋天说成是蓝色、金色、红色的后，启发学生想象，如果此时从棉田里走出一只小白羊，它会说秋天是什么颜色的呢？如果从果园里飞来一只啄木鸟，从花坛中飞来一只小蜜蜂，从树林里跳出一只小松鼠，它们也来参加这场讨论，会怎样发表自己的看法呢？如果请你当裁判，说说秋天到底是什么颜色的，你怎么说？

（五）发散思维

发散思维是指思路从某一中心向不同层次、不同方向辐射，从而引出许多新的信息的思维方式。具有多端性、灵活性、精细性和新颖性的特点。

作用：使说话者思路流畅，长于联想发挥，善于应急变通。

示例：有位语文老师在指导学生写童话作文《动物王国里的为什么》时，出示兔子、猫头鹰等动物的图像启发学生从不同的角度提问，比如关于兔子，学生就提出了"兔子的眼睛为什么是红的""兔子的嘴为什么是三瓣的""兔子的尾巴为什么这么短""兔子为什么不吃窝边草"等许多问题。这样通过拓宽思路，有效地培养了学生思维的发散性和广阔性。

练习：围绕以下题目，进行发散思维训练：兔子、时间、眼镜、书、音乐、窗、春天、乌鸦。

（六）集中思维

集中思维是将许多新的信息围绕中心进行选择、归纳和重新组合。发散思维和集中思维构成一个完整的思维过程。它们互相促进、互为前提。

作用：使话题中心明确，条理清晰。

小学语文教材中关于狼的寓言有四篇：《一只狼》《狼和小羊》《东郭先生和狼》《会摇尾巴的狼》。这四篇的寓意，分开看大不相同。但如果让学生归纳总结一下狼的特性（残忍凶恶而又不乏狡猾），这就是简单的集中思维训练。

二、思维品质的训练

（一）思维条理性训练

俄国一位老人讲述他一辈子的经历：

我三岁时，有一次弄湿了裤子，父亲要打我，妈妈袒护说：你怎么不害臊，他还是个小傻瓜呢！

我十二岁时，从母亲包里拿了两毛钱买了冰淇淋。母亲要拿皮带打我，爷爷袒护我说：别打，他还是个孩子，不懂事，长大了就知道了。

我三十岁时，进工厂做工。生产上出了废品，工厂因为我没有完成生产任务要处罚我，工会主席替我说情：他刚来不久，没有经验，要带一带。

我四十岁时，一次和同伴喝酒喝得酩酊大醉，满街都听到我扯着嗓子唱歌。退了休的人向着我，说：年轻人嘛，我们像他这个年龄不也是这种样子！

我六十岁时，鬼知道怎么搞的，把自己的钱和公款弄错了。有人告发了我，硬是叫我赔了钱。也有人说：你们还拿他怎么样，他都六十岁的人了，糊涂了。

如今我七十岁了，早就领了养老金。

这段文字比较有条理，按照不同的年龄阶段讲述了老人一辈子的经历。思路清晰，才能保证语流清晰畅达。请仿说本材料，训练思维的条理性。

训练：下面是小学生在"怎样对待坏人坏事"主题班会上的争论。请你做小结，注意思维的条理性。

甲：跟坏人做斗争是公安局的事，跟我们小朋友有什么关系！

乙：跟坏人坏事斗争只要胆子大，不怕死就行。

丙：小孩子总斗不过大人，弄不好会被坏人杀死，还是少管闲事好。

丁：胳膊肘朝里拐，要是自己家里人干坏事，我才不管呢！

（二）思维开阔性训练

要思维开阔，必须多听、多看、多读、多想，积累丰厚；必须善于联想、想象，善于进行各种比较、对照。这样在口语表达时能够纵横捭阖，左右逢源。

联想主要有三种形式。

①接近联想：由于时间、空间上接近而产生的联想。例如：由"茶"联想到"龙井""西湖"。

②类似联想：由于某些性质类似引起的联想。例如：由"茶"联想到"咖啡""啤酒"。

③对比联想：由对比而引起的联想。例如：由"茶"联想到"开水""饭"。

联想训练：

将以下几个词语围绕一个中心组成一段有意义的文字：月亮、皮球、小孩、巧克力、春天。

训练内容

1. 口头解释下列词语（不查字典，不动笔，限时 3 分钟）

代数　　物理　　化学　　语文

2. 把班级中你最熟悉的五位同学的特点用三五句说明性的话介绍给别的同学听。

3. "她是……教练"的教练前面有 6 个修饰成分，这 6 个成分应该怎样排列？

①优秀的　②有 20 多年教学经验的　③国家队里　④篮球　⑤女　⑥一位

4. 把下面的句子组成一段话

①基础本来包括德育、智育、体育几个方面，人们只看到智育。

②这样理解"基础"，结果只能妨碍人才的成长。

③但是，有的同学，甚至老师，对"基础"的理解往往偏于狭隘。

④智育包括书本知识、非书本知识的学习和精神能力的培养，人们又往往只看到书本知识的学习

⑤ 中学阶段是打基础的阶段，每个中学生都应该打好基础

⑥书本知识又包括教科书和课外读物，人们又往往只看到了教科书。

5. 选择并讨论

①今天的改革要求我们这一代人为民族的振兴付出代价 ②这个代价就是艰苦奋斗，要打算过一段苦日子。③经济学上讲投入产出，没有投入就没有产出。④我们今天吃点苦，就是为了子孙后代投入。⑤ 有人

看改革只顾眼前利益，这是很浅薄的。⑥在世界史上，任何一个转折时期都是充满动荡和艰苦的。⑦现代人看欧洲的文艺复兴，以为是太平盛世，其实那时的人很苦，是在苦难中开创新纪元的。⑧未来的人看我们今天的改革，也会跟当代人不同。⑨只有站在历史的角度看我们所处的大变革时代，才能树立起民族的责任感和历史的责任感。

6. 想象扩展训练

将以下成语扩展成一个个生动的小故事，在不改变主题的情况下允许合理想象，讲述时间不少于3分钟。

叶公好龙　掩耳盗铃　水中捞月　四面楚歌　请君入瓮　狐假虎威
塞翁失马

7. 想象结果训练

给下面的小故事设计一个合乎逻辑的结局。可以有几种结局，看谁想得多，想得合理。

小王在上学的路上捡到一只猫，毛茸茸的，很可爱，一进教室，同学都要抢着抱一抱。"叮铃铃……"上课铃声响了，怎么办？小王急中生智将猫放在抽屉里。语文老师踏上讲台，她发现今天的纪律特别好，满意地点了点头，就上课了。正当老师转身板书时，小猫"喵……"地叫起来。老师下意识地回过头去看，只见小王突然咳嗽起来，紧接着全班同学都一齐咳起来。"怎么了？今天大家都感冒了？"老师问。但没人回答，老师继续上课，可小猫又"喵……"地大叫起来，这时老师明白了，她走到小王身旁，打开抽屉……

（三）思维敏捷性训练

要培养思维敏捷性，就必须加强快速观察、分析、判断的能力和临场应变能力的训练。

某学校一宿舍住着甲、乙、丙、丁四人。住宿规定：每晚由最后一个回宿舍的人关灯。有一次宿舍的灯亮了一夜，不知是谁忘了关灯。总务处来查问此事。丙说："我比乙先进宿舍。"甲说："我进宿舍时看见乙正铺床。"乙说："我进宿舍时丙跟丁都睡了。"丁说："我很疲倦，一上床就睡着了，什么都不知道。"请说说，是谁忘了关电灯。

话题训练

1. 德国诗人海涅因为是犹太人，经常受到各种非礼。在一次晚会上，有一个旅行家对海涅讲述他在环球旅行中发现一个小岛，他说："你猜猜看，在这个小岛上有什么现象最使我感到新奇？那就是在岛上竟没有犹太人和驴子。"很明显，将犹太人和驴子相提并论是隐含恶意的。海涅白了他一眼，沉着机敏地做了回答，给了有力的还击。海涅是怎样回答的？

2. 问：如果三天前是星期五的前一天，那么，后天是星期二。对不对？请马上回答。

3. 在一次晚会上，萧伯纳正在专心地考虑问题，坐在旁边的一位富翁不禁感到好奇，就问萧伯纳："萧伯纳先生，我愿出一美元，来打听您在想什么。"萧伯纳对这位以为什么都可以拿钱买到的富翁很看不起，想戏弄他一下。萧伯纳说："我想的东西不值一美元。"富翁更加好奇了："那么，您究竟在想什么呢？"萧伯纳看着这位富翁，反问："你真的想知道吗？"富翁迫不及待地说："太想知道了！"萧伯纳幽默地说……

4. 某家珠宝店一颗钻石被盗，现查明罪犯是赵、钱、孙、李中的某一个人。四人口供如下：

赵：不是我偷的。

钱：李是罪犯。

孙：钱是罪犯。

李：不是我偷的。

四人中只有一人说假话。请问罪犯是谁?

5. 分析和理解诗歌,训练思维的深刻性。

秋夕

杜牧

银烛秋光冷画屏,轻罗小扇扑流萤。

天阶夜色凉如水,卧看牵牛织女星。

第五节　一般口语表达的基本形式训练

口语的表达总是通过一定的形式来进行的,有时可能是描写式的,有时可能是评价式的。由此,便产生了种种口语表达的形式。这里,我们介绍几种常见的口语表达形式。

一、复述

定义:复述就是把读过、听过的语言材料重新叙述一遍。

1. 基本要求

①复述要有条理性;

②复述要突出重点;

③复述时一定要交代清楚时间、地点、人物、事情的起因、经过、结果等;

④人物对话可以采取转述的形式;

⑤语言力求准确。

2. 类型

(1) 详细复述

详细复述是用自己的话基本按原材料的内容和顺序,准确、完整地述说。是一种接近原始材料的复述,是最简单、最基本的复述形式。详细复述允许对语法、句式进行调整,比如把长句子改为短句,把复杂的句子改为简单的句子;也可以改变句子的顺序,把材料中的方言土语改为通俗易懂的口语等。

练习:《晏子使楚》

春秋末期,齐国和楚国都是大国。

有一回,齐王派大夫晏子出使到楚国去。楚王仗着自己国事强盛,想乘机侮辱晏子,显显楚国的威风。

楚王知道晏子身材矮小,就叫人在城门旁开了一个五尺来高的洞。晏子来到楚国,楚王叫人把城门关了,让晏子从这个洞钻进去。晏子看了看,对接待的人说:"这是个狗洞,不是城门。只有访问狗国,才从狗洞进去。我在这等一会儿,你们先去问个明白,楚国到底是个什么样的国家?"接待的人立刻把晏子的话传给了楚王。楚王只好吩咐大开城门,把晏子迎接进去。

(2)简要复述

简要复述是对原材料加以浓缩、选择和概括,然后用简明扼要的语言陈述出来的表达方式。把握整体,理清线索,舍枝去叶,反映原貌。但要防止取舍不当,偏离中心。比详细复述所用时间更短,语言更精炼。

《晏子使楚》

春秋末期,晏子出使楚国。楚王想侮辱晏子,让他从城门旁的洞里钻进去。晏子就对接待的人说:"你去问问楚王,楚国是个什么样的国家?如果是狗国,我就从门旁的狗洞钻进去。"接待的人把晏子的话传给了楚王,楚王只好让晏子从城门进去。

练习:以全班绝大多数同学看过的电影、电视或小说的情节为内容,让学生进行简要复述。

要求：先由一个同学进行复述，时间不得超过三分钟；再由第二个同学进行复述，时间不得超过两分钟；再由第三个同学进行复述，时间不得超过一分钟。

（3）扩展复述

扩展复述是对原材料做适当扩充、展开的叙述。

①根据原材料的中心思想做合理想象或延伸，不可背离原意和基本框架。

②根据表达的需要，运用描述、解说、论证以及比喻、对比、夸张等多种表达方式。

对不同材料做扩展复述，侧重点不同：

议论性材料：补充论据材料，做更深入剖析。

说明性材料：对所述内容做更具体、鲜明的细部说明。

记叙性材料：通过想象补充细节，使内容更生动、充实、完整。

练习：《鞋的故事》

在一次战斗的间隙，一位战士到附近的小镇上修了一双鞋。不久，他的一双脚因踩到地雷被炸了，后来他想起修鞋的事，请战友去找到那个鞋摊，付了修鞋钱，但鞋子不要了。

练习：根据短诗提供的情节和意境展开想象，扩展成一则小故事。

回乡偶书

贺知章

少小离家老大回，乡音无改鬓毛衰。

儿童相见不相识，笑问客从何处来。

题都城南庄

崔 护

去年今日此门中，人面桃花相映红。

人面不知何处去，桃花依旧笑春风。

练习：将成语扩展成一则小故事。

（1）狐假虎威

（2）洛阳纸贵

（3）滥竽充数

（4）望梅止渴

二、描述

描述是用生动形象的语言，把人、事、物、景等具体事物的特征及形态，具体细致地描绘给别人听的一种口语表达方式。

（一）描述与复述的区别

复述是以现成的语言材料为表达对象，以读和听为表达基础，具有模仿性。描述是以客观存在的事物为表达对象，以观察为基础，具有独创性。

除扩展复述外，复述基本上使用原材料现成的语言。描述要迅速组织自己的语言，把内部语言（思维）转换成外部语言（口语）。

（二）描述的类型

直接描述：对对象进行直接表述。

间接描述：用烘托或旁敲侧击的方法，从侧面对对象进行描述。

细致描述：采用生动细致的表达对对象进行描述。

简朴描述：采用画轮廓说大概的方式对对象进行描述。

（三）描述的要求

真实准确：要符合生活的真实，能让人信服。不可随意夸张渲染。

143

鲜明形象：抓准特征，突出事物的特点。用声、色、形进行逼真的描摹，用声音、语气的变化表达人物的感情，渲染气氛。

优美生动：语调起伏多变，语流畅达舒展，做到语中有画、画中含情，在声音上给人以美感。

练习：从下面提供的内容中选取一个进行详细描述。

1. 一位老师的外貌及性格特点。

2. 故乡的早晨。

3. 描述一件你所珍爱的物品，要求抓住描述对象富有特征的细微处去描述，给人留下深刻印象。

三、解说

解说是把事物的性质、状态、特征、过程、功用等有条理地、清楚明白地进行说明或解释的一种口语表达形式。

解说的特点是实用性强。

解说的要求是内容准确客观，条理清晰明白，语言简洁通俗。不同解说场合要做适当调整。比如导游对景点的解说，教师课堂的解说，都宜清新生动。

练习：

1. 欣赏赵忠祥老师解说的《动物世界》或《人与自然》。

2. 用解说的方式向朋友介绍地方特产。

3. 解说下列内容。

（1）鱼儿为什么会游。

（2）冬天为什么会下雪。

四、评述

评述是对一定的人、事、观点发表自己的看法，又称"评叙"，是一种议论型的口语表达形式。即通俗说的"讲事实，摆道理、明己见"。评述包括对评述对象、目标、论据等的阐述和对自己观点的阐明。评述主要分为三类：先述后评、先评后述、边述边评。

评述的要求：

①观点明确，论据确凿，论证合乎逻辑，语言精当。

②语气要坚定，但不要趾高气扬、盛气凌人。

③轻重应分明，可运用重音来增加雄辩的力度。

④语调要有抑扬。用语调的抑扬来展示语言链条的逻辑关系，增加整个议论的气势。

练习：

1. 选择一个话题进行边述边评练习。

（1）我最喜欢的一篇课文。

（2）我最崇拜的明星。

2. 就以下热门话题，自拟一段即兴评述。

（1）湖北省教育厅近日新制订了高校教师师德行为规范，其中禁止教师在自然灾害、事故灾难和社会安全事件中不顾学生安危抢先逃生。（2010 年 9 月 16 日新华社）

（2）从新生报到那天起，湖北大学大一新生张辉（化名）几乎每晚都是在通宵自习教室里度过的：白天参加完军训吃过饭，他就立即钻进教室自习到凌晨零时，然后趴在课桌上睡几小时，清晨 5 时，他又会打开书本。也因此，他被同学们称为史上最牛"勤奋哥"。

（3）"今天你低碳了吗？"这已经成为当今最时尚、最前卫的一句话。"低碳一族"也悄然兴起，成为都市又一个新的时尚群体。所谓

"低碳生活（low-carbon life）"，就是把生活作息时间所耗用的能量尽量减少，从而减低二氧化碳的排放量，保护环境。低碳生活的核心内容是低污染、低消耗和低排放以及多节约。

五、演讲

演讲是一种面对公众，以有声语言为主要表达手段，并借助于眼神、手势等态势语言，公开发表自己的意见、观点、立场和主张的一种口语表达方式。

（一）演讲的分类

1. 政治演讲

凡是为了一定的政治目的，出于某种政治动机，就某个政治问题以及与政治有关的问题而发表的演讲均属此类。它包括外交演讲、军事演讲、政府工作报告、各种会议上的总结报告、政治评论、就职演说、集会演讲、宣传演讲等。例如，周恩来的《中美友好的大门终于打开了》、张学良的《我们要立于抗战第一线》等都属于这一类。政治演讲具有鲜明的思想性、严密的逻辑性和强烈的鼓动性。

2. 学术演讲

学术演讲是指演讲者就某些系统、专门的知识和学问而发表的演讲。一般指学校和其他场合的专题讲座、学术报告、学术发言、学术评论、科学讨论、科学报告或信息报告、学位论文的答辩等。它必须具有内容的科学性、论证的严密性和语言的准确性三大要素，这是与其他类型演讲的一大区别。譬如凤凰卫视的《世纪大讲堂》、中央电视台科技频道的《百家讲坛》中的一些学者的演讲。学术演讲的特点是：深刻的论证、高度的逻辑修养、严谨的语言风格，同时还有一系列专门的术语。

3. 教学演讲

教学演讲是在教学过程中为完成教学任务而采用的一种有计划、有组织的口头表达方式。

4. 生活演讲

生活演讲是指演讲者就社会生活中存在的各种问题、风俗、现象而做的演讲，它表达了演讲者对这些问题的看法、见解和观点。这种演讲涵盖的内容更加广泛，如亲情友谊、悼贺（悼词、贺词）、迎送（欢迎词、欢送词）、祝酒词、答谢等。像梁启超的《为学与做人》、爱因斯坦的《悼念玛丽·居里》就属于此类。

（二）演讲的特点

1. 社会公开性

演讲活动发生在社会成员之间，它是一个社会成员对其他社会成员进行宣传鼓动活动的口语表达形式。因此，演讲不只是个体行为，还具有很强的社会性。

2. 整体综合性

演讲是一种综合性的口语表达活动。演讲涉及语言学、逻辑学、文学、修辞学、写作学、音韵学等多学科的知识。就其自身而言，它也是言语、动作、姿势、表情、仪态等的相互配合、和谐统一。

3. 现场直观性

演讲是在公开的场合讲话，演讲者与听众现场直接交流、零距离接触，加上生动的口语表达，感染和打动听众，引起听众与演讲者的心灵共鸣。你讲的内容、你的态势动作，听众都能看得到、看得清，具有强烈的现场直观性。

4. 表达时限性

演讲是在一定时间范围内进行的信息传播活动，要在规定的时间内完成要讲的内容。要做到讲者尽兴尽意，听者高兴满意。

5. 语言艺术性

演讲对语言的要求比其他口语形式都要高。演讲者语言，不仅要求准确精练、通俗易懂、生动形象，还十分讲究节奏韵律之美。精彩的演讲，其语言形式虽不同于诗文，但其表现出的音韵美，却如和谐的乐曲一样，有着动人的魅力，完全可和诗文一争高低。

（三）如何写演讲稿

1. 演讲稿的总体特征

（1）内容上的现实性

演讲稿是为了说明一定的观点和态度的，这个观点和态度一定要与现实生活紧密相关。它讨论的应该是现实生活中存在的并为人们所关心的问题。它的观点要来自身边的生活或学习，材料也是如此。它得真实可信，贴近现实，是为了解决身边的问题而提出和讨论的。

（2）情感上的说服性

演讲的目的和作用就在于打动听众，使听者对讲话者的观点或态度产生认可或同情。演讲稿作为这种具有特定目的的讲话稿，一定要具有说服力和感染力。很多著名的政治家都是很好的演讲者，他们往往借助于自己出色的演讲，为自己的政治前途铺路。

（3）特定情景性

演讲稿是为演讲服务的，不同的演讲有不同的目的、情绪，有不同的场合和不同的听众，这些构成演讲的情景，演讲稿的写作要与这些特定情景相适应。

（4）语言流畅，深刻风趣

①要口语化

"上口""入耳"这是对演讲语言的基本要求。演讲，说出来的是一连串声音，听众听到的也是一连串声音。听众能否听懂，要看演讲者能否说得好，更要看演讲稿是否写得好。如果演讲稿不"上口"，那么演讲的内容再好，也不能使听众"入耳"，完全听懂。演讲稿的"口语"，不是日常的口头语言的复制，而是经过加工提炼的口头语言，要逻辑严密，语句通顺。把长句改成短句，把倒装句改成正装句，把单音词换成双音词，把听不明白的文言词语、成语改换或删去。演讲稿写完后，要念一念、听一听，看看是不是"上口""入耳"，如果不那么"上口""入耳"，就需要进一步修改。

②要通俗易懂

演讲要让听众听懂。如果使用的语言讲出来谁也听不懂，那么这篇演讲稿就失去了听众，因而也就失去了演讲的作用、意义和价值。为此，演讲稿的语言要力求做到通俗易懂，用普普通通的语言，明晰、通畅地表达演讲的思想内容，而不刻意在形式上追求辞藻的华丽。如果过分地追求文辞的华美，就会弄巧成拙，失去朴素美的感染力。

③要生动感人

如果思想内容好而语言干巴巴，那算不上是好的演讲稿。广为流传的名人演讲，都是既有丰富深刻的思想内容，又有生动感人的语言。语言大师老舍说："我们的最好的思想，最深厚的感情，只能被最美妙的语言表达出来。若是表达不出，谁能知道那思想与感情怎样好呢？"

由此可见，要写好演讲稿，只有语言的明白、通俗还不够，还要力求语言生动感人。

怎样使语言生动感人呢？

一是用形象化的语言，运用比喻、比拟、夸张等手法增强语言的形象色彩，把抽象化为具体，深奥讲得浅显，枯燥变成有趣。

二是运用幽默、风趣的语言，增强演讲稿的表现力。这样，既能深化主题，又能使演讲的气氛轻松和谐；既可调整演讲的节奏，又可使听众消除疲劳。

三是发挥语言音乐性的特点，注意声调的和谐和节奏的变化。

闻一多先生的《最后一次演讲》，全文多用短句，共用 9 个问号，42 个感叹号，辅助排比、对比、反复等修辞手法，使演讲具有很大的鼓动性和感召力。

2. 演讲稿的结构

演讲稿的结构通常包括题目、开场白、正文、结尾四部分。

（1）题目

题目要新颖醒目，重点突出。题目准确形象，富有魅力，就能给人新鲜的感觉和深刻的印象，唤起听众的兴趣。

李燕杰老师写的演讲稿，讲题颇具特色。如《心上绽开春花，芳草绿遍天涯》《国家民族与正气》等。定题时还要考虑到一篇演讲稿着重谈一个问题，切忌面面俱到，包罗万物。

（2）开场白

开场白是演讲稿中很重要的部分。应该用最简洁的语言、最简短的时间，把听众的注意力和兴奋点吸引过来。这样，才能达到出奇制胜的效果，紧紧地抓住听众的注意力，为整场演讲的成功打下基础。常用的开场白有点明主题、交代背景、提出问题等。不论哪种开场白，目的都是使听众立即了解演讲主题、引入正文、引起思考等。

①开门见山式

这种开头的方式是开门见山，言简意赅，单刀直入，直截了当接触演讲的主题。如《下一个》演讲稿的开头：

当球王贝利踢进一千个球时，有位记者问他："哪一个最精彩?"贝利回答说："下一个!"努力追求"下一个"，是优秀运动员和各行各业先进人物的共同品格。

②名言警句式

格言、谚语、诗词名句、名人名言等，具有思想深邃和语言优美的特点，具有广泛的群众基础，对青年人更有魅力。若能适当地运用名言作为开头，也可以收到好的效果。如《走自己的路》演讲稿的开头：

路漫漫其修远兮，吾将上下而求索。

开头引用屈原《离骚》中的名句，含义深邃而又必然地引出下文。

③提出问题式

一上台便向听众提出一个或几个问题，请听众与演讲者一道思考，这样可以立即引起听众的注意，促使他们很快便把思想集中起来，一边迅速思考，一边留神听。听众带着问题听讲，将大大增加他对演讲内容认识的深度和广度。

例如：题为《讲真话》的演讲稿就采用了这种开场白："同志们，首先请允许我冒昧地提个问题：在座的各位都讲真话吗……"此问让人为之一震，也切中正题。

④悬念式

也叫"故事式"，就是开头讲一个内容生动精彩、情节扣人心弦的故事或举一个触目惊心的事实来制造悬念，设计的一种情境、一种氛围，令人神往、令人关注，使听众对故事发展和人物命运深表关切，从而仔细听下去。

⑤"套近乎"式

演讲者根据听众的社会阅历、兴趣爱好、思想感情等方面的特点，描述自己的一段生活经历或学习工作上遇到的问题，甚至自己的烦恼、自己的喜乐，这样容易给听众一种亲切感，从而产生共同语言，双方的感情距离一下子缩短了。

⑥渲染式

创造适宜的环境气氛，引发听众相应的感情，引导听众很快进入讲题的开头方法。

例如恩格斯《在马克思墓前的讲话》的开头：

三月十四日下午两点三刻，当代最伟大的思想家停止思想了。让他一个人留在房里还不到两分钟，等我们再进去的时候，便发现他在安乐椅上安静地睡着了——但已经是永远地睡着了。

这个开头，只用短短的两句话，便把听众引进了一个庄严、肃穆、沉痛，对革命导师敬仰的气氛之中，有利于听众接受演讲的正文所欲展开的谈论。

（3）正文

正文是整篇演讲的主体。主体必须有重点、有层次、有中心语句。演讲主体的层次安排可按时间或空间顺序排列，也可以平行并列、正反对比、逐层深入。由于演讲材料是通过口头表达的，为了便于听众理解，各段落应上下连贯，段与段之间有适当的过渡和照应。正文的选材要有典型意义、有表现力、有感染力。

（4）结尾

结尾是是演讲内容的收束，它起着深化主题的作用。

结尾的方法有归纳法、引文法、反问法等。归纳法是概括一篇演讲的中心思想，总结强调主要观点；引文法是引用名言警句，升华主题，留下思考；反问法是以问句引发听众思考和对演讲者观点的认同。此外，演讲稿的结尾也可以用感谢、展望、鼓舞等语句作结，使演讲能自然收束，给人留下深刻印象。

3. 对演讲节奏和时间的把握

每一场演讲都是有时间限制的，少则一分钟，多则一两小时甚至一天，演讲者必须把握自己演讲的速度和内容，既不能时间到了还没有讲完，也不能距离演讲结束还有一段时间，而演讲者已经无话可说了。写作时，要不时地停下来，用自己的正常语速大声朗读，根据演讲时间的长短调整要讲的内容。即使在没有时间限制的情况下，也应尽量做到短而精，在听众的精力分散前戛然而止，余味悠长。

4. 演讲稿还要认真修改，精益求精

如：恩格斯《在马克思墓前的讲话》的著名演讲。

演讲草稿是这样开头的：就在十五个月以前，我们中间大部分人曾聚集在这座坟墓周围，当时，这里将是一位高贵的崇高的妇女最后安息的地方。今天，我们又要掘开这座坟墓，把她的丈夫的遗体放在里边。

作者考虑后写成：三月十四日下午两点三刻，当代最伟大的思想家停止了思想。让他一个人留在房里总共不过两分钟，等我们再进去的时候，便发现他在安乐椅上安静地睡着了——但已经是永远地睡着了。

两者比较，后者入题较快，演讲一开始就抒发了对逝者的无限敬爱和万分惋惜的心情，使现场的人们也沉浸在对马克思的缅怀与崇敬之中。

（四）如何进行演讲

1. 演讲的语调

（1）演讲的基本语调是亲切感——如同与朋友谈心。

一忌盛气凌人，咄咄逼人，那会使听众觉得你太凶，产生抵触情绪。

二忌畏畏缩缩，欲吐又吞，那会使听众认为你很没有信心。

三忌旁若无人，高谈阔论，那会使听众觉得你很高傲。

四忌无动于衷，说话很呆板，那会使听众觉得你很冷漠。

（2）演讲的语调是一种什锦拼盘式的语调。声音上有高有低，节奏上有张有弛，错落有致。不可一味地慷慨激昂，让人很累。也不可似"吞温水"一样，毫无变化，吸引不了听众。

2. 克服怯场的技巧

（1）心境调节法。上台前听音乐，与人开玩笑、闭目养神或者做深呼吸。

（2）语言暗示法。告诉自己"我能行！""我可以做的很好！"，增强信心。

（3）分散注意法。力求对某一事物产生兴趣。

（4）假装勇敢法。昂首挺胸，以稳健的步伐上台。

3. 应付意外的技巧

（1）中途忘却：想到哪儿就从哪儿开始讲，不可停。

（2）讲错：问：刚才这种讲法你们说对不对？

（3）观众冷淡或会场吵闹：临时增加设问；事先准备一两个有关的幽默故事或笑话。

4. 恰当地运用态势语

（1）欣赏《超级演说家》中姬剑晶的演讲。

（2）欣赏：董仲蠡的《教育的意义》的演讲。

六、讲故事

（一）要求

"话""表"兼用，声情并茂。

"话"就是"讲"，"表"就是"表演"。不仅要用动听的语言向听众述说故事，还要用极富特征的表情、手势、眼神等态势语"表演"故事，做到声情并茂。

文讲：动作幅度小，语调适中，表情含蓄一些。适用于小学高年级

武讲：表情动作适当夸张，语气语调及拟声造型都"火"一点。适用于小学低年级。

（二）准备工作

1. 精心选材

（1）思想内容健康鲜明，有教育意义；

（2）情节曲折生动，人物形象鲜明突出，趣味性强，有吸引力；

（3）深浅适度，适合大多数听众的口味。

2. 加工改造

（1）把书面语改成口头语，做到词语口语化、句式口语化。

（2）设计开头和结尾。

（3）调整情节。

3. 处理语气语调

（1）叙述语言形象生动。

（2）人物语言个性化。

（3）善于运用拟声。

4. 设计动作表情

讲故事时恰当地运用表情来模拟人物的表情；运用手势及身体其他部位的动作来模拟人物的动作形态或其他事物的形态。

5. 熟记试讲

欣赏：《猴子掰玉米》《老鼠偷油》

下篇　教师职业口语训练

第五章　教学口语训练

一、教学口语的含义和特征

教学口语是教师用于课堂教学的工作用语，是教师从事教育教学的基础，是师生间进行信息传递和情感交流的中介。教师教学口语质量的高低，直接关系到学生的发展。正如教育家苏霍姆林斯基说的那样："教师的语言修养在极大程度上决定着学生在课堂上脑力劳动的效率。"具体说，教学口语的特征主要有以下三个方面。

（一）规范性

规范性是指教学口语应当遵守国家的规定，在语音、语汇和语法等方面符合全国通用的普通话的规范。教师要用音高、音强、音质、音速等方面的配合，显示出声音打动人心的魅力；用语气、语调、停顿、节奏等技巧充分表达出热情、真诚、善良等丰富细腻的感情；用充满情趣、饱含智慧的语言给学生以激励和启迪。

（二）启发性

教师的语言表达是一种含有特定用意的信息传递活动，课堂讲授，有着启发学生思维，传授知识，阐明事理，让学生有所领悟的特定任务。因此，教师在讲课时，讲课内容应当充实新鲜，言之有理、言之有物；既要语意明确，又要给学生留有思考的余地；设问应当具体明确，难易适度，针对性强，合乎情理。教师的教学口语一定要致力于启示、疏导、设疑、解疑，以彰显启发性语言的影响。

（三）形象性

教师口语的形象性是指教师善于创造直观形象，唤起儿童对具体事物的真切感知。儿童的思维方式以形象思维为主，他们更容易理解和接受直观、生动、具体的教育影响，需要借助形象来认识事物。因此在教学中，教师的描述一定要具体细致。要达到这样的教学目标，教师就要在教学过程中，恰当运用多种修辞手法，巧妙运用拟声词、摹色词、叠音词，同时要体现出语言的动态感。教师在进行词语及句子教学时，要恰当地把词语和句子教学创设在一个动态的语言环境中，为词语和句子赋予生命光彩和动态的美感。

二、教学口语的重要作用

教学口语是教师面向学生传授知识、培养能力的最重要的手段，是教师和学生之间沟通的桥梁。教师教学语言艺术的高低，直接关系着教学质量的优劣。教学口语的重要作用主要可以从两个方面来看。

（一）教学口语是提高课堂教学效率的重要保证

优美动听的教学口语，是增强教学吸引力和感染力的重要因素。富于激励性的教学口语，是调动学生学习主动性的重要因素。富有启发性的教学口语是提高学生学习有效性的重要因素。教师如果能借助于富有高超艺术性的教学口语，使抽象深奥的知识变简单具体而为学生易于接受的知识，无疑能大大提高学生的学习效率。

（二）教学口语是培养学生口语能力的重要途径

培养学生口语能力的途径很多，但课堂上教师运用规范的教学口语为学生提供一个样板，让学生在模仿中学习，也是非常重要的途径。教师一定要重视教学口语的运用，为学生提供优秀的口语使用范例。

三、教学口语的分类

可分为导入语、小结、讲授语、提问语、评价语、应变语等几种。

第一节　导入语训练

一、导入语的定义

导入语又叫导语、开讲语。它是教师上课开始时对学生讲的与教学目标有关并能调动学生学习兴趣的一席话。

二、导入语的功能

导入语的功能是多方面的。从教育心理的角度看，主要有以下五点：

（一）沟通心灵

课堂导言是师生之间建立关系、沟通情感的第一座桥梁。成功的导言能引起学生的共鸣，赢得学生的信赖和认可。

例：俞老师借"姓"发挥，自我介绍。

我姓俞，按《说文解字》讲，俞的本义是"船"。我觉得我作为一个教师，就好比一条船，载着你们几十个同学一起在求知的大海中航行，抵达成功的彼岸。

（二）活跃气氛

高明的老师善于运用独特的开场白活跃气氛，创造良好的教学氛围。

例："惯性"的导入语。

一天，一个女生坐车，到站停车时，旁边的人没站稳，撞了她一下。女生气愤地说："你这人真没有德行。"这个人礼貌地回答："对不起，不是德行问题，而是惯性问题。"

（三）激发兴趣

成功的导言能使学生对学习内容产生浓厚的兴趣，有效地调动学习积极性。

例：朱雪丹老师教《太阳、地球、月亮》的导语。

小朋友，夏天晴朗的夜晚，我们常常抬起头来仰望天空，只见满天的星星像无数珍珠撒在碧玉盘里，多美啊！太阳、地球、月亮也是天空中的星星，所以说，我们是生活在地上，也是生活在天上。今天，老师一起带你们认识太阳、地球、月亮好吗？

两千年前，古希腊出了一位著名的数学家，他的一生有个很重要的贡献，是用字母来表示未知数和用字母进行一些运算，他是近代符号代数的鼻祖。可惜的是，他的年龄和生平史书上没有明确记载，唯一可供参考的是他那别具一格的墓志铭。全文是这样的："过路的人！这儿埋葬着刁潘都，下列数字可以告诉您，他一生度过了多少个寒暑。他一生六分之一是幸福的童年，十二分之一是无忧无虑的少年。又度过了一生的七分之一，才建立了幸福的家庭。五年后儿子出世，但孩子在世的光阴只有他父亲的一半。晚年丧子，老人真可怜，悲痛之中度过了四年，终于结束了自己的一生。"请你算一算，刁潘都活了多少岁，才和死神相见?

（四）诱发思考

导语是启动学生思维的第一站。古人说："学源于思，思源于学。"教师一开讲便巧设疑点、布置悬念，能迅速调动学生的思维，诱发他们探究问题、掌握新知。

例:《太阳》一课的导语。

传说古时候天上有十个太阳，照得地面寸草不生，人们热得受不了，就找了一个箭法很好的人射掉了九个，只留下了一个，地面上才不那么热了，为什么射箭的人不把十个太阳都射下来呢? 刚才同学说的是太阳和我们人类的关系，但为什么说没有太阳就没有我们这个可爱、美丽的世界呢? 这就是今天语文课的学习任务。

（五）承上启下

导语是沟通"旧知"和"新知"的媒介。由旧入新的导语既能体现知识的整体性和连贯性，又能帮助学生复习旧知，掌握新知，提高学习效率。

例:《〈呐喊〉自序》的导入语。

师:同学们，我们已经学过鲁迅先生的许多小说，能回忆一下吗?

生:《一件小事》《故乡》《社戏》《孔乙己》《药》。

师:以后我们还要学习鲁迅的小说，有《祝福》《阿 Q 正传》。以上这些小说选自他的哪一本小说集?

生:《呐喊》。

师:除《祝福》选自《彷徨》外，其余都选自《呐喊》。《呐喊》是鲁迅先生的第一本小说集。我要问一个问题，鲁迅先生为什么把第一本小说集取名为《呐喊》呢? 请同学们打开书，我们学习《〈呐喊〉自序》，看看鲁迅先生是怎么解释的。

三、导入语的要求

第一，要新颖活泼，忌平淡刻板。

第二，要庄谐适度，忌庸俗低级。

第三，要短小精悍，忌冗长拖沓。

四、导入语的类型

（一）故事导入

故事导入是运用与教学内容密切相关的逸闻、趣事、故事、谜语、诗歌以及富有趣味的特殊修辞形式和修辞手段引入新课的导语。

例：一位数学老师在讲"等比级数求和"时，引用印度的舍罕王要重赏发明 64 格国际象棋的大臣西萨的事。

传说印度的舍罕王，要重赏发明 64 格国际象棋的大臣西萨。西萨说，我想要点麦子。您就在这棋盘的第一格赏我一粒麦子，第二格赏两粒，第三格赏四粒……依次都使后一格的麦粒比前一格多一倍，您就把麦粒的总和赏给我吧！国王听了，连连说：您的要求太低了！同学们，你们说这个要求真的太低了吗？

（老师在黑板上写出了 184 4 674 4 0730 7955 1615 一串数字。）

这就是西萨要求得到的麦粒的总和，这些麦粒以重量来计算，约5270 亿吨，竟是全世界两千年内生产的全部小麦。

国王为什么吃亏，这样大的数字怎样才能迅速算出，学了"等比级数求和"，我们就知道了。

（二）设疑导入

设疑导入是紧扣教材布设疑障，激发诱导学生积极思考以引入新课的导语。设疑式的基本语言形式是设问。

举例：物理老师讲"摩擦力"的导语。

有一块大石头放在地上，一只蚂蚁能不能推动它？问题的关键不在于石头的重量，而在于石头和地面间摩擦力系数的大小，这就是今天我们要学的内容——摩擦力。

（三）情境导入

情境导入是教师根据不同的教学内容，设置出不同的教学情境，使同学们有一种身临其境的感觉，以激发学生学习积极性为目的的方法。

例：语文老师讲授《四季》时的导语。

（边播放音乐边朗诵）"秋天到，秋天到，园里果子长得好，枝头结柿子，架上挂葡萄，黄澄澄的那是梨，红彤彤的这是枣。"同学们，儿歌描写了哪个季节的景色？一年四季中你喜欢哪个季节？

（四）知识导入

知识导入是联系已经学过的知识或日常的生活经验以引入新课的导语。

例：《茶花赋》的导语。

同学们，散文家杨朔已经是我们的老朋友了，可以说每个学期都要和我们见面。第一次他奉献给我们的是美丽的香山红叶，第二次他请我们品尝了广东甜香的荔枝蜜，今天，他将捧给我们春城昆明的一丛鲜艳的茶花。

（五）游戏导入

游戏导入是通过问题和矛盾制造悬念，激起学生的好奇心和求知欲以引入新课的导语。

例：初中数学"方程"一课的导语。

让我们做一个游戏，请同学们想一个数，不要说出来，把这个数除以2再减去3，然后把运算的得数告诉我，我可以猜出你想的那个数是几。（有三位同学给了老师数字）同学们一定非常想知道老师是怎样把你们脑子里想的数算出来的，当你们学了一元一次方程后，你们不但能像老师一样迅速算出别人脑子里想的数，而且还知道为什么可以这样算。

（六）教具导入

教具导入是运用与教学有关的教具，以达到调动学生学习积极性为目的的方法。

例：科学教师教学《益虫和害虫》时，可以运用教具导入法。

教具出示苍蝇和蜜蜂的图画。

（七）谈话导入

谈话导入是教师运用谈话的形式，把同学当朋友似的你一言我一语交流，从而引入要讲的课。

例：语文教师教学《小小的船》。

师：同学们，晴朗的晚上，天上有什么？

生：（自由地说）有星星，有月亮。

师：你们喜欢月亮吗？今天，老师把月亮带进了教室。（出示一个弯弯的月亮）

我们语文课本中也有一篇与月亮有关的文章，文章的名字叫《小小的船》。（板书课题）

练习：设计导入语

1. 上课了，可是当你走进教室，看见同学正在追逐一只飞来飞去的小鸟，面对此情此景，请你设计一段导语将学生的注意力集中到课堂中来。

2. 你刚刚讲完《揠苗助长》，现在又要讲《守株待兔》，请设计一段导语将两个寓言的内容连起来说。

3. 设计《卖火柴的小女孩》一课的导语。

第二节 小结语训练

一、定义

小结语又称课堂教学结尾语、断课语，是指一堂课或某一教学环节、阶段将要结束时，教师对前面的教学进行巩固和强化所用的总结性语言。

二、小结语的重要性

（一）加深印象，增强记忆

教学是由一系列既有联系又有区别的阶段组成的，知识点比较分散。如果教师在教学的最后环节中能从所教学内容中总结归纳出最重要、最基本的内容，提纲挈领地加以强调，就可以起到加深印象、增强记忆的作用。

例：自然课《青蛙和蟾蜍》的小结语。

今天我们学了《青蛙和蟾蜍》，要懂得：第一，青蛙和蟾蜍有能适应在陆地上生活的外形构造特点。第二，青蛙和蟾蜍都会消灭大量的害虫，是人类的朋友，我们应当保护它们。第三，青蛙和蟾蜍的生活史。第四，青蛙和蟾蜍小时候在水里生活，用鳃呼吸；长大后到陆地上生活，用肺呼吸，它们都是两栖动物。

（二）指导实践，培养能力

学生感知、理解、记住了知识，并不等于完全掌握了知识。如果教师在下课前，指导学生进行一些有针对性的练习，或对课后的学习活动提出一些要求，对于学生巩固知识、培养能力是大有益处的。

例：语文课《动物过冬》的小结语。

小朋友们，你们还想知道鱼、鹿、苍蝇、蜜蜂、袋鼠这些动物怎样过冬吗？老师介绍一本书给你们看。这就是《少年科学》。（出示书）其中一篇《动物过冬》可有趣了，看了以后，会得到不少关于动物过冬的知识。如果有兴趣，老师再介绍两本书给你们看，一本是《有趣的动物》，一本是《中国动物故事集》。好了，今天我们的课就上到这儿。

（三）承前启后，过渡自然

任何知识都有严密的逻辑性和系统性。每节课后或每个章节之后，用小结的方式帮助学生将所学的知识系统化，并在总结的基础上预告新的学习内容，使前后内容连接紧密，过渡自然。

例：一位数学老师讲完等差数列，下节课将讲等比数列时的小结语。

数列：20，10，5，2.5，1.25…的第10项是多少？（这时学生立即活跃起来，有的在一项一项地算下去，有的企图寻找什么规律，老师抓住学生此时的心理继续说）其实第10项是很容易找到的，等下一节课我们讲了等比数列就知道了。

（四）质疑问难，发展智力

在基本完成教学任务的前提下，结合教材内容提出一些有争议的问题，让学生争论，或提出新的思考题，让学生课后进行观察、思索、探讨，把课堂延伸到课外，这样既可以开拓学生的知识领域，又可以使他们的智力得到发展。

例：《司马光砸缸》的小结语。

师：司马光采用砸缸的方法救人，如你碰到小朋友落进大水缸，你会想什么办法去救他？

举例：《蝉》的小结语。

师：这一课我们学完了，可是有一个问题还没有解决：蝉有没有听觉？课文里说"恐怕没有"。那到底有没有？大家课后去认真观察研究，也可以去请教别人，希望有一天你们能把这个谜底揭开。

三、小结语的要求

（一）忌拖沓

小结语要求语言简洁、明了、清晰，起到提纲挈领的作用。

（二）忌仓促

要求课前做好计划，上课过程中把握好节奏，避免下课时慌里慌张地讲几句话，草率收场。

（三）忌平淡

成功的小结语会给人留下深刻的印象，如音乐般"余音绕梁"，课虽尽而意无穷。

四、小结语的种类

（一）归纳总结式

在完成教材的新授任务后，采用教师总结、学生回忆和师生讨论的方式，对主要内容、重点、难点做归纳总结。

例：分数基本性质的小结语。

师：今天我们学习分数的性质。通过这堂课，你们自己说说学到了什么？

生：我学到了分数的基本性质：只要分数的分子和分母都乘以或除以相同的数（零除外），分数的大小不变。

生：……

师：看来，今天大家都学得很认真，分数的基本性质能帮助我们以后解决约分、通分和分数计算等等许多问题。

（二）练习巩固式

通过指导学生在课上进行口头或书面的练习，使理论与实践相结合，让学生在实践中扎实地巩固所学知识，获得完成课外作业练习的方法和范例，把知识转换为技能技巧，系统理解和记忆。

例：《猫》的小结语。

师：请把书合上，我们做个仿写练习。做练习之前，我们先讲两点要求：第一，要写你喜欢的一种动物的性格，不写外形和其他，专写性格；第二，用总起分述的写法。为了能写好，咱们先讨论一下：你们最喜欢、最熟悉的动物是什么？

生：猴子。

师：如果写猴子，那咱们写它的什么性格？

生：淘气。

师：从哪些方面可以看出它淘气？

生：它一下就爬到笼子顶上，它爬山可快了，还一下子就钻到山洞里。小猴还叫老猴背着爬。猴子还玩荡秋千，玩得可好了。有些猴子还叫别的猴子挠痒痒。

师：一般是谁给谁挠痒痒？

生：妈妈给小猴挠痒痒。

师：好，先讨论到这。我们这篇文章的总起句可以怎么写？

生：猴子可真淘气！

师：接着可以分别写它在地上、山上荡秋千玩，还可以专门写猴妈妈照顾小猴，背它玩，给它挠痒痒。咱们就这样向课文的作者学习，一定会写好的，再见。

（三）活动游戏式

例：教师在教完谜语诗《画》后，建议回家背给家人听，并在课堂上演习一下，教师自己扮演老奶奶。

生：奶奶，今天我们学了一个谜语，你能猜吗？

师：好，我很喜欢猜，你说说看。

生："远看山有色……"

师：什么，远远地看到山上有蛇？那这蛇一定是大蟒蛇吧。

生：不是蛇，是色。

师：好好，奶奶耳朵不太好，那"色"是什么意思？

生：色是颜色的色。就是说远远看去山上一片青翠的颜色。

……

（四）拓展延伸式

例：语文课《刻舟求剑》的小结语。

师：那个人的剑没有捞上来，我们同学能不能想个办法，帮他捞上来呢？

生：叫挖沙船把剑挖上来。

生：用渔网捞上来。

师：用渔网捞，行吗？

生：不行，因为剑会把渔网戳破的。

生：用块吸铁石，把剑吸上来。

师：这个方法好不好？

生：不好，如果是铜剑就吸不上来了。

……

练习：

设计《桂林山水》和《卖火柴的小女孩》的小结语。

第三节　讲授语训练

一、讲授语的定义

讲授，是指教师系统连贯地向学生讲解教材、传授知识和技能的教学语言形式，它是课堂教学中最基本的语言表达形式，是教学语言的主体。教学的内容主要是通过讲授的形式传输给学生的。讲授语言的好坏，更为直接地关系到教学的成败。

二、讲授语的要求

讲授语除了要符合教师口语基本要求的有关内容外，还必须做到以下四点。

（一）通俗明白，深入浅出

对于教材中难懂的词句、深奥的道理，陌生的概念、定理、规则，学生初次接触往往不易把握。教师的讲授必须善于化难为易、化深为浅，化抽象为具体，做到通俗明白、深入浅出，才能帮助学生有效地接受新知。

例：一名教师给小学二年级的学生解释"轮流"。

轮流是指依照次序，一个接一个，周而复始。周而复始是指结束以后重新开始，循环往复，以至无穷。

点评：这个老师的讲授语没有做到深入浅出，在讲解过程中反而出现了超出学生理解范围的词语"周而复始""循环""无穷"等。

（二）勾选提要，突出重点

教师讲授时，应抓住要点、突出重点，提纲挈领、言简意赅地进行表述，这样既有利于加深学生对教学内容的理解和记忆，又可以节省教学时间，收到事半功倍之效。

例：

《春》：盼春、绘春、颂春

《荔枝蜜》：厌蜂、爱蜂、赞蜂、变蜂

地理老师讲授降水过程：上升—冷却—凝结—降水

历史老师讲授鸦片输入中国的危害：国困—民穷—兵弱

例：一名教师对小学语文《党费》中"乱葬岗子"的解释。

你们懂吗？"乱葬岗子"就是胡乱埋死人的地方。解放前有，解放后没有了。解放前"坟墓"有三种：有的是地主的，大地主的坟墓特别高级，特地盖个房子，还有人看着，怕狗给扒了。还有一种不是地主的，也不是农民的，是生活还可以的人家的，是不用人看的。第三种是贫农的，没有钱买棺材，卷领席，挖个坑，往里一扔就得了。到时候尸首就堆满了，满山都是，这就是"乱葬岗子"。为什么要立牌子呢？怕狗给扒了。狗是专门吃死人的。上学期就有一课《小英雄雨来》，形容日本鬼子像吃过死人的野狗。同学们见过野狗吗？它吐出长长的舌头，露出利剑似的牙齿，谁见了都害怕……

（三）连贯周密，语义畅达

第一，话题要集中。有时在讲授时受到意外因素的干扰，不得不暂时偏离话题，但也要善于调控，及时拨到正题上来。第二，层次要清楚。在一个话题之下，先讲什么，后讲什么，怎么讲，要有一个妥善的安排。第三，衔接要得当。在一个讲授单位中，语句之间、层次之间要注意衔接。

（四）把握讲授的时间

小学生连续注意的时间不太长，低年级可持续 10 到 20 分钟，高年级也不会超过 35 分钟。教师要根据学生这一心理特点，把讲授的主要内容安排在合理时间内。

三、讲授语的种类

课堂讲授一般由讲析、归纳、点拨三部分构成，与此相适应的讲授语同样形成三种基本形态，即讲析语、归纳语、点拨语。

（一）讲析语

讲析语就是教师讲课时用于口头分析的语言。所谓分析，就是把教材中所包含的各种因素剖析清楚。比如教材中的词句、概念、定理、公式、法则等的含义。教师只有能条分缕析地把这些道理讲出来，学生才能既知其然又知其所以然。讲析的方法是多种多样的，常见的主要有：

1. 直陈法

直陈法是用平实的语言把教材内容直截了当地陈说出来的方法。这是最基本、使用最普遍的一种讲授方法。其特点是使用简便，学生能通过教师的讲授直接迅速地感知教学内容，掌握新知。

例：语文教师讲解课文。

《从百草园到三味书屋》这一课选自鲁迅先生的散文集《朝花夕拾》。

"朝"是什么意思？（生：早晨）

"夕"呢？（生：晚上）

早上的花到傍晚才去把它拾起来，从《朝花夕拾》这个题目就可以知道这本散文集是作者的回忆。那么，这本文集所写的事情发生在鲁迅先生一生中的哪个阶段呢？从"朝"——早晨，这个词，我们可以知道这本文集写的是鲁迅先生童年、少年时代的生活，那时还是清朝。下面我们就来看看《从百草园到三味书屋》写了鲁迅先生童年时代的哪些生活。

例：数学老师讲述"黄金分割律"的使用价值。

在数学中有个基本而重要的定律"黄金分割律"，它表示 $1:0.618$ 的比例关系。乍看起来，它与生活无关，可是试验美学家通过大量的事实证明了这一点：一个长方形，当它的长宽比满足了黄金分割比时，看起来最美最和谐！奇怪吗？毫不奇怪！数学来自自然，只不过是用数字、符号、图形来表示自然规律罢了。数学定律所提示的和谐当然与自然界的美是高度统一的，这就是说，数学是追求美的最有力的工具。一旦认识了这个问题，数学定律就被广泛应用于生活了：利用黄金分割律，在绘画与摄影时，避免了把主景放在画面正中而造成呆板的对称；人们完美设计了电视屏幕、门窗等；发现并应用了重大经济效益的快速优选法；姑娘们的发束也偏侧到脑袋的一侧，增加美感。

2. 具象法

具象法是指借助形象化的描绘语言，阐述有关教学内容的方法。其主要功能在于它能利用人们熟悉的、可以直觉的、能唤起思维表象的事物帮助人们掌握那些陌生的、不易直接感知的事物或道理，引导人们自然地进入理性知识的王国。

例：语文老师讲授文章的材料和结构。

这好比一个书店，书店里琳琅满目，但没有分类摆放。各类书籍杂乱无章地放在一起，顾客要书不知从何找起；另一个书店，书籍分了类，而且摆放整齐，分门别类。这样顾客才能找到想要的书。

3. 列举法

列举法是是通过讲述实例来阐明概念、定理、规则等含义的方法。这是使用频率很高的一种讲授方法，不同学科的概念、定理、规则大都可以通过举例来阐释。

例：胡裕树教授讲语法，讲到汉语的句式时念了一首古诗。

红豆生南国，春来发几枝？

劝君多采撷，此物最相思！

例：化学老师讲分子的特性。

分子是不断运动的，例如，湿衣服在太阳底下晒一会儿就干了，樟脑丸放在衣橱里不久就变没了，盐在水中很快就不见了，这些都是分子运动的结果。

4. 比较法

比较法是把两个或几个有同有异的事物、概念、词语、定理等联系起来，分辨其异同或高下的方法。

例：语文教师对"忸怩""腼腆""扭捏"三个词语的辨析。

这三个词都有不大方的意思，"忸怩"是形容词，指不好意思，不大方。"腼腆"也是形容词，意思是害羞，怯生生。而"扭捏"是动词，指不大方的举止。

5. 引用法

引用法是指援引名言、警句、诗词或有关资料来阐述、论证讲授内容的方法。恰当地使用引用法，能增强讲授的说服力。

例：地理老师讲梅雨季节的气候。

黄梅时节家家雨，青草池塘处处蛙。

例：政治老师讲矛盾互相转换的原理。

人有悲欢离合，月有阴晴圆缺，此事古难全。

例：政治老师讲一分为二的分析法。

黄金无足色，白璧有微瑕。

6. 联系法

联系法是使新知与旧知、本学科知识与其他学科知识、书本知识与生活经验之间，彼此接上关系，以加深对所学知识的理解的方法。

例：数学老师讲解文字题。

4.8 加上 2.1 的和除以 5.2 与 3.4 的积。

↓

和除以积。

↓

（4.8+2.1）÷（5.5×3.4）

7. 借助法

借助法是借助实物或标本等的操作演示，以帮助学生理解和掌握所学知识的方法。运用借助法，具有直观形象的效果。

例：物理老师讲授"物体下落快慢的原因"时，给每个同学发一块硬纸片和软纸片，要求学生从两米高处同时自由落下，观察纸片落地的先后。

（二）归纳语

教师讲授完之后，进一步给学生从整体的、本质的、理性的高度进行归纳，使学生从整体上把握事物的本质特征，找出事物的规律。归纳语就是教师表述这一过程的讲授语。

教师讲授时归纳的方式，可以先归纳后讲析，也可以先讲析后归纳，还可以边讲析边归纳。

例：一位数学老师在讲授《推导圆周率》时就运用了先讲析后归纳的方式。

我们刚才把直径分别是 1 分米、1.5 分米、2 分米的硬纸板圆在米尺上滚动一周，得到了这三个圆的周长大约是 3.14 分米、4.71 分米、6.28 分米。我们可以直接看出，第一个圆、第二个圆、第三个圆的周长分别是它们直径的三倍多一些。课后我们还可以把直径不同的圆在米尺上滚动，也可以发现，圆的周长总是直径的 3 倍多一些。这个倍数是个固定的数，我们把它叫作圆周率。因此，圆周长＝直径×圆周率。

（三）点拨语

点拨，即点化、拨正。教学时，教师抓住重点或要义，一两句话点明实质，使学生获得新的思路，进入新的境界。

例：语文老师在讲授《我的伯父鲁迅先生》的词语"呻吟"时就可以运用点拨的方式。

师：什么叫呻吟？

生：就是声音很微弱地说话。

师：那你们小声说话叫呻吟吗？回答问题声音小叫呻吟吗？

生：在非常痛苦的情况下，小声地自己哼哼。

师：对，生病了，或是哪儿痛了哼哼，叫呻吟。

第四节　提问语训练

一、提问语的含义

提问，是指教师根据教学要求和学生的实际提出问题，促使学生思考钻研以加深理解的教学语言形式。

二、提问的重要性

美国心理学家布鲁那指出："教学过程是一种提出问题和解决问题的持续不断的活动。"可见提问在教学过程中的地位和作用。

现代著名教育家陶行知则强调："发明千千万，起点是一问。"

我国古代教育文献《学记》中就把"善问"看成"进学之道"，做过精辟的论述。

可以说，善教者必善问。反之，不善问者必不善教。

三、提问的要求

（一）提问要明确

首先，提问的目的性要明确。即为什么要提这个问题，通过提问要解决什么问题。

其次，所提的问题本身要明确。如果问题不明确，学生就无法正确地回答问题。

例：《皇帝的新装》一课的提问语。

1. 读《皇帝的新装》你觉得谁最可笑？

2. 读《皇帝的新装》你觉得谁最可恨？

3. 读《皇帝的新装》你觉得谁最可鄙？

4. 读《皇帝的新装》你觉得谁最可爱？

5. 光天化日之下，众目睽睽，骗子行骗为什么会一路绿灯？

（二）提问要适时

提问要与学生认知的进程相吻合，要在学生有疑、有思、欲问、欲解而又苦于不知如何表达之时提问。失时而问，便达不到好的效果。比如：一教师在学生刚预习了《祝福》时就问："祥林嫂这个形象的典型意义是什么？"这就不符合教学进程。

例：于漪老师上语文课《宇宙里有些什么》。

有学生问："这些恒星系里大都有一千万万颗以上的星星"中的"万万"是多少？

全班同学发笑。同学又马上说：我知道了，"万万"是"亿"。

于老师：刚才这个问题我不用回答，可我要问，既然"万万"是"亿"，课文为什么要用"万万"，而不用"亿"？

（三）提问要适度

这主要指问题的深度和难度要适当。所提的问题不能低于或过分高于学生的实际水平。问题太容易，学生会觉得没劲。问题太难，学生又回答不出。应该根据学生学习的"最近发展区"来设计问题，即"跳一跳，够得着"。

另外，适度还指提问的数量要适当。不可无节制地"满堂问"，那样会使课堂秩序散乱，学生厌答，影响教学效果。

（四）提问要能启思

陶行知说："智者问得巧，愚者问得笨。"这"巧"与"笨"的区别，就在于是否能启发思维。提问的"巧"主要通过形式和角度的创新来体现。没有启发性的提问体现为：简单化，机械化，没有回味的余地。

如：白求恩有多大年纪了？

又如：滥用"×不×"的形式提问。

（五）提问语要注意教学策略

一是面向全班。

二是因人而问。

三是不可逼问。

四是提问要有沟通。

五是把握好语气，语速不宜过快，语音要清晰。

四、提问的类型

按照答题的思考方式，把提问分为判断型、论证型、说明型、想象型四类。

（一）判断型

这类提问要求学生对所提问题做出判断，着重培养学生经过分析、综合形成正确判断的能力。常用"是什么"的语言形式来表述。运用这类提问应避免简单化和机械化。

如：大脑的主要功能是什么？

《七根火柴》的主人公是谁？

这里的"妻子"是一个词还是两个词？

（二）论证型

这类提问要求学生对所提问题做出论证，着重培养学生科学分析的综合能力。常用"为什么"的语言形式来表述。比判断型更有思考价值，有时两者常配合使用。

如：皇帝为什么会相信骗子？

本文通篇写祥林嫂，为什么不以"祥林嫂"为题呢？

为什么车轮要做成圆形呢?

(三) 说明型

这类提问要求学生对所提问题做出说明,着重培养学生说明的能力。常用"怎么样"的语言形式来表述。常与判断型提问配合使用。

如:你是怎样构思这篇文章的?

作者是怎样描写清晨果树园的优美景色的?

(四) 想象型

这类提问要求学生对所提问题展开想象,并予以描述,着重培养学生合理想象的能力。常用"会怎样"的语言形式来表述。

如:路瓦栽夫人如果不丢失项链会有什么结果?

五、提问语的类别

根据提问的目的,我们把提问语分为九类:

(一) 激发性提问语

这种提问语用以确定学习目标,培养情感,引起思维的兴趣和学生的有意注意,使思维顺利进入学习新知识的轨道,对学生兴趣起着引发定向作用。这种提问语往往用在导语中。

如:一位老师在教《孔乙己》一文时,开头便提出问题。

教师问:"谁知道孔乙己姓什么叫什么?"学生不假思索,异口同声答道:"姓孔,名乙己!"老师笑着又问:"孔乙己真的姓孔名乙己吗?"学生纷纷翻书,不一会儿,他们便笑起来,知道孔乙己无名无姓。老师接着又问:"为什么他竟连姓名都没有呢?他可是个读书人啊!"老师选择了一个学生很感兴趣的知识点,精心设计问题,深深吸引了学生，激发起学生对这篇课文浓厚的学习兴趣。

（二）疏导性提问语

这种提问语的目的是帮助学生把握文章的结构，理清作者的写作思路，整体感知全文，为进一步理解课文内容做准备，多用于初读课文时。

如：一位教师在教郁达夫《故都的秋》时，设计了下面几个问题。

1. 本文的题目是"故都的秋"，在作者笔下，哪一句能概括"故都的秋"的特点？

2. 本文通过哪些段落来描写北国的秋的？

3. 本文通过哪些画面来表现"故都的秋"的"清、静、悲凉"的？

4. 为什么作者从声音、色彩的角度来刻画秋景？

5. 作者为什么要提到江南的秋？

（三）理解性提问语

这种提问语的目的是帮助学生理解字、词、句的含义或理解课文思想内容。在细品课文时经常用到这种提问语。如：一位老师在教学毛泽东《沁园春·长沙》一课时，为了帮助学生理解诗人炼字炼意的功夫和创作的不易以及不同字眼带来的不同表达效果，设计了这样的问题。

你能说说下面几个黑体字的好处吗？

独立寒秋　　层林尽**染**　　鹰**击**长空　　鱼**翔**浅底

"独立"不仅表明是一个人，而且显示了诗人中流砥柱的气概；"染"字用拟人手法，写出秋色之深；"击"显示出雄鹰展翅奋发，搏击长空的强劲有力；"翔"字写出了鱼儿在清澈见底、水天相映的水中游动的自由轻快，像在天空中飞翔一样。

（四）想象性提问语

教师设计能引起学生丰富想象的提问，既可培养学生的发散性思维，又可以加深对文章的理解。

师：雨果说过："想象是人类思维中最美丽的花朵"，下面让我们展开想象的翅膀，感受诗人所描绘的绚丽多彩的秋色图，并用语言把它描绘出来。

再如：有位老师在讲完《狼和小羊》后问：

按照常理，狼向小羊扑去，小羊肯定会被狼吃掉。你们能不能展开想象，让小羊不被狼吃掉？

（五）求因性提问语

这种提问语的目的是引导学生从知识的结论出发，去探索得出结论的原因。

如：一位老师在教学毛泽东《沁园春·长沙》一课时问了下面一个问题。

毛泽东笔下的秋景为何写得如此绚丽多彩，充满生机？

（毛泽东是叱咤风云的一代伟人、胸怀大志的政治家。他有博大的胸襟、崇高的风范、雄伟的志向、奋发向上永不消沉的乐观性格，所以他的词充满豪情壮志，笔下的秋景也绚丽多彩，充满生机。）

这个问题既能帮助学生理解诗词里的一种写作手法：借景抒情，融情于景，又能帮助学生感受到本词雄阔的意境以及作者豪迈的胸襟。

（六）评价性提问语

评价性提问语的目的是引起学生对课文中的内容进行评价的欲望。通过启发学生开展评价，使学生之间互相启发、互相补充，达到深入理解课文的目的。

如：一位老师在讲《孔雀东南飞（并序）》时问：

你认为焦母是个怎样的人？

这个问题让学生在对焦母的评价中把握住了她的形象特点：焦母是一个蛮横无理、独断专行的封建家长制的典型，但她也是一个受害者。

（七）总结性提问语

老师在讲完教学内容后会提出一些问题，让学生整理概括所学内容。

如：一位老师在讲《孔雀东南飞（并序）》时，在分析完焦仲卿形象后，问：

哪位同学帮我们总结一下焦仲卿的性格特点？

（焦仲卿的性格特点是懦弱、孝顺、忠于爱情、叛逆）

（八）比较性提问语

让学生通过对字词句的比较、鉴别、选择、运用，弄清难理解的词句，了解句子间的内在联系，加深对课文内容的理解，提高辨析能力，加强语言文字的训练。

如《月光曲》里有两句话："一天夜晚，他在幽静的小路上散步。"第二句是："月光照进窗子来，茅屋里的一切好像披上了银纱，显得格外清幽。"老师设计了问题：

幽静和清幽有什么区别？

（幽静是环境静，清幽是景色美。）

再如一个老师讲授《卖火柴的小女孩》，在讲到小女孩第四次幻想时说：

本文写了小女孩的四次幻想，第一次是大火炉，第二次是烤鹅，第三次是圣诞树，第四次是奶奶。比较一下第四次幻想和前三次有什么不同？

（前三次幻想都是物，第四次是人；第四次出现了小女孩叫起来的语言，说明在物质和亲情都缺乏的情况下她更渴望亲情。）

（九）纠偏性提问语

一位教师在讲"什么是果实"时，首先让学生列举出许多果实的名称，然后向学生提问。

师：各种果实不同，彼此不相像，为什么都叫果实呢？它们有什么相同的地方吗？

生：它们的味道很好。

师：肉饼的味道很好，肉饼也是果实吗？

生：不对，肉饼不是果实，它不是在植物中生长的。

师：叶子和花也是在植物中生长的，它们是果实吗？

生：（知道回答有误）不是。

师：我们把果实切开，看看里面有什么？

（经过老师的这些启发，学生终于明白了果实内部都有种子，果实是植物孕育种子的部分）

学生发现自己的回答有误，会继续寻找正确的答案，最终把思维拉到正确的道路上来。切开了果实，找到了果实的特征，明确了果实的概念。

六、提问的技巧

（一）巧设矛盾、激疑设问

教材中隐含着大量的各种各样的矛盾，教师要善于发现并通过提问揭示这些矛盾，以引起学生的思考。如：

愚公到底愚不愚？不愚，为什么课文又称他为愚公？

《有的人》一课中，作者为什么用"骑"，而不用"压"？

（二）由易到难、连环设问

一开始就提高难度的问题，容易把学生难倒，使他们失去兴趣。若先提一些浅显有趣的问题作为铺垫，让学生尝到一点解决问题的乐趣，再加大难度，就不会觉得太难了。

（三）故布迷津、迂回设问

有些问题本可以照直提问，但那样往往缺少启发性，学生的印象也不深；若采取"迂回战术"，改变提问的角度，有意布设迷津，让学生思路拐一个弯才能找到答案，这样就更能激发学生的思维兴趣，并加深印象。

如：《狐假虎威》一课。

狐狸和老虎，一前一后，朝森林深处走去。请同学们认真想一想，这一前一后是谁在前？谁在后？你的根据是什么？

（四）叩其两端、正反设问

这种提问方法能引导学生从不同的方面去分析问题，加深对问题的理解，能培养学生全面分析问题和思辨的能力。如：

为什么要坚持实事求是？不坚持实事求是会怎样？

练习提问语

引导学生掌握"分数"这个概念。

第五节　应变语训练

一、应变语的含义

应变语是指教师在课堂上及时调节师生关系、处理课堂突发事件时所运用的语言。

二、应变语的功能

（一）吸引学生注意

在小学生的注意品质中，注意的稳定性还不强。所以，当课堂教学过程中有突发的意外情况，必然会引起学生不由自主的注意，使学生的注意力很快地从学习内容转移到发生的事情上。这就需要教师及时运用应变语把学生的注意力拉回到学习内容上。

（二）调控教学过程

教师在教学过程中，按照预先设计的教学目标、教学内容进行教学，但由于各种原因难免会出现一些意外情况，就会影响教学的正常进行。当遇到意外情况时，要求教师能随机应变地调控课堂行为，也就是说，教师要善于运用教学应变语，针对课堂具体情况，对教学内容、教学方法等做一些适当的删改、变更和补救，使这意外情况巧妙地融入教学过程，以便保证教学进行下去。

三、应变语的要求

（一）要有针对性

教学应变语的应用应该有明确的针对性，也就是要紧紧围绕完成课堂任务这个中心来进行机智的应变。

（二）要有分寸性

教学应变语运用分寸的掌握，是能否实现转变课堂偶发事件使之回到正常教学目标的关键。

（三）要有自然性

教学应变语的运用不是教学过程的节外生枝，它应该是自然融入教学过程的有效语言才对。

四、应变语的类型

（一）幽默型

［示例1］教师正在上课，突然一只蝴蝶飞了进来，盘旋了几圈又飞走了，有的同学就被蝴蝶吸引，注意力分散。看到这种情景，教师微笑着说："刚才大家上课都很认真，连蝴蝶都感动得不愿打扰你们了。"一句风趣的话，让同学们意识到自己思想开了小差，马上集中注意力，认真听讲。

［示例2］化学课上，教师正在做氧气制取演示实验，他用排水法收集氧气。加热过程中，有的同学却不认真观察反应现象而低头讲话。教师却神情专注："已经有叽里咕噜的声音了，大家看水中是否有气

泡?"学生认真观察却没有看到。教师就故做醒悟状:"我明白了,刚才是有同学嫌加热过程慢,就先弄出氧气。"学生笑了,课堂顿时"言归正传"。

(二) 自嘲型

[示例1] 有位教师把三乘七的答案写成了二十二,等他发现后就说:"你们看看我,我是不管三七二十一就把三七得了二十二啊!"同学们笑了起来,在笑声里,教师改正了答案。

[示例2] 一位物理老师在课堂上做大气压力的实验:"同学们,为了证实大气压的存在,这个抽空了空气的马德堡半球当年用了八匹马都未能将它拉开,现在请两位同学试一试。"老师说完,两个同学走上讲台用力对拉,相持不多久,球竟被拉开了。面对失败的实验,老师说:"早知道你们俩的力气比八匹马的力气还大,我就该换一个较大的马德堡半球。"说完,教室内充满了欢乐的笑声。

(三) 将错就错型

[示例1] 有位英语教师在教学单词 pencil 和 pen 时采用了直观教学的方法,用实物来启发学生思考,以追求更好的教学效果。但是,这位教师无意中把手中的铅笔说成了"This is a pen.",等他意识到自己说错时,有些学生也意识到了。这位教师没有马上纠正自己的错误,而是干脆反问一句:"Is this a pen?"学生齐声回答:"No, It isn't. It is a pencil."这种灵活而果断的问答,使学生误以为教师在考问他们句型呢。

[示例2] 一位数学教师讲解例题时,因板书有误导致最终答案不合理,他已经意识到出了差错,但是他仍不慌不忙将错就错地问了句:"同学们,我的答案合理吗?"一位同学说:"不合理。"教师追问:"那

么，错在哪里呢？我们不妨分析一下。"接下来教师在黑板的另一侧写下"正解"两字，同学们还以为教师在进行纠错分析呢。

（四）转移话题型

[示例1] 有同学问，命运多舛的"舛"字怎么念，教师可以说："这个字怎么读，我希望你回去查字典，等下节课你来告诉大家好不好？"

[示例2] 一位小学语文教师在教《画鸡蛋》课时，一位学生问："老师，你有达·芬奇的本事吗？"回答"有"显然是不合实际；回答"没有"，学生会认为教师没本事。这真是一个让人进退两难的问题，怎么办呢？请听听这位教师的回答："达·芬奇的本事真大！他为什么有这么大的本事呢？就因为他学习刻苦。谁要想有本事，谁就应刻苦学习。"

（五）借题发挥型

教师上课时遇到意外事件，可以尽量利用这些现象借题发挥，将话题引入课堂教学中，变弊为利，使之成为促进教学的手段。

[示例1] 一位物理教师在讲"密度的应用"一课时，发现一位女同学与同桌偷偷地玩一枚银戒指。这位教师灵机一动，一边讲课一边来到女同学的课桌旁，拿过戒指风趣地说："你翻来覆去地观察这枚戒指，大概怀疑它不是纯银的吧，那么我就教给你鉴别真伪的方法。"

这位教师顺手拿过戒指作话题，既提醒了学生要认真听课，又为教学增添了生动的实例，真可谓一箭双雕。

[示例2] 一位教师在讲《口技》时，因为受到课文情节的描绘的吸引，班里一位男同学忘乎所以地学狗叫，顿时全班哗然，那男生吓得屏息等待教师的惩罚，可这位教师却粲然一笑："王刚同学情不自禁地

模仿了狗的叫声，这是为文中口技高超的技术所感染啊！下面我们还是继续欣赏课文中高超的口技表演吧……"

（六）顺水推舟型

[示例] 一次英语课上，教师正在教"cock（公鸡）"这个单词，突然，有个学生怪腔怪调地问："英语里有没有母鸡？"顿时班上哄堂大笑，把正常的课堂秩序给搅乱了。面对这种情况，教师不动声色，仍然用平静的声调说："有，而且还有小鸡这个单词。"接着他把这两个单词写在黑板上，带领学生齐读，很快地把学生的注意力引导到教学内容上来。那个发出怪声的学生觉得自己的行动并未引起大家的注意，便感到很不好意思。然后，教师把话题一转："××同学不错，不但想学会'公鸡'怎么读，还想知道'母鸡'这个词，现在全班同学都多学会了两个单词，但是刚才你提问题的语调不好。"接着他又讲了英语中的语调问题。

提高教师课堂语言的应变能力非一日之功。它不仅仅有赖于教师知识的丰富、思维的敏捷、口语的畅达，也来自对教材的熟悉、对学生的热爱及乐观的情绪等，它需要我们不断更新教学理念，开阔眼界，提升自己各方面的综合素质。

第六章　教育口语训练

一、教育语言的特征和定义

教育语言具有两个特征：第一，它是教师在学校培养学生的过程中使用的一种职业语言；第二，它是教师在有目的地进行育人活动中使用的语言。它是教师依据培养目标对学生进行教育时所运用的语言，其内容主要涉及思想道德情操、行为习惯规范等方面。

（一）针对性

要做到：因事施言，因人施言，因时施言，因地施言。

（二）说理性

用摆事实、讲道理的方法来说明是非得失的原因，以理服人。语言上，要求措辞准确，话不要说得太快，要给学生思索的余地。

（三）诱导性

教师用启迪、引导的方式与学生交谈，因势利导，促使学生自我转变。

（四）情感性

教师以充满感情的和具有感染力、号召力的语言及动人的事例激发学生的感情，以情感充沛的语调来激发学生的情趣，使学生积极行动。

教师要以对学生的一片爱心、一片真诚去感化学生。

多萝西·洛·诺尔特有一段经典名言：

如果一个孩子生活在批评之中，他就学会了谴责。

如果一个孩子生活在敌意之中，他就学会了争斗。

如果一个孩子生活在恐惧之中，他就学会了忧虑。

如果一个孩子生活在怜悯之中，他就学会了自责。

如果一个孩子生活在讽刺之中，他就学会了害羞。

如果一个孩子生活在妒忌之中，他就学会了嫉妒。

如果一个孩子生活在耻辱之中，他就学会了负罪感。

如果一个孩子生活在鼓励之中，他就学会了自信。

如果一个孩子生活在表扬之中，他就学会了感激。

如果一个孩子生活在忍耐之中，他就学会了耐心。

如果一个孩子生活在接受之中，他就学会了爱。

如果一个孩子生活在认可之中，他就学会了自爱。

如果一个孩子生活在分享之中，他就学会了慷慨。

如果一个孩子生活在诚实和正直之中，他就学会了什么是真理和公正。

如果一个孩子生活在安全之中，他就学会了相信自己和周围的人。

如果一个孩子生活在友爱之中，他就学会了这世界是生活的好地方。

如果一个孩子生活在真诚之中，他就学会了头脑平静地生活。

你的孩子生活在什么之中呢？

这段话告诉我们：教育环境，直接关系着小学生个性发展方向，决定着他们能否健康成长。教师的教育语言是构成学生教育环境的一个重要方面，因此教师在运用教育语言时，绝不能随心所欲，张口就说，一定要"三思而后说"，说后再三思。运用教育口语时应当遵循一些基本的原则。

二、教育口语的原则

（一）民主性原则

其一，在教育活动中，教师与学生处于平等的主体地位；其二，教师不是完人圣人，只能是以情感人、以理服人；其三，教育活动是一种互动性的活动，教师与学生是共同成长的。

（二）积极情感性原则

"动之以情，晓之以理"，这里的"情"就是指积极情感，包括平等、真诚、信任、爱护。"不及"和"过"都会导致语言的偏颇，老师的心态很重要。

（三）针对性原则

其一，内容具有针对性。教育语言要有的放矢、对于不同学生的语调、语气要有区别性；其二，形式具有针对性，要适应教育对象的心理发展水平和特征。语言形式要适应教育对象的理解能力和接受水平。

（四）艺术性原则

教育口语的运用要抓住教育的时机、巧设情境。

教育口语有"十戒"：戒秽语、戒套话、戒谩骂、戒埋怨、戒压制、戒恐吓、戒挖苦、戒武断、戒哀求、戒利诱。

例："二吃"杨梅

朱老师接到一位家长的电话，说让孩子带了几斤杨梅到学校，请老师和同学们尝尝。但等到朱老师想请生活老师分发时，杨梅已被先到校的一批同学吃光了。朱老师想：好吃，固然是孩子的天性，但在小学里发生这样的行为，说明孩子"心中有他人"的意识还十分缺乏。思考片刻后，朱老师迅即到街上买来几斤杨梅，悄悄放到教室橱里。

晚自习结束时，该是学生吃夜点心的时候了。

朱老师说："今天晚上同学们除了有学校发的点心，还有一样更好吃的东西要给你们呢！大家知道是什么好吃的吗？"

学生们摇着头说"不知道。"

朱老师说："我们班的四十几位同学来自许多不同的城市。慈溪市盛产杨梅，今天下午，×××同学的妈妈给我们捎来了她家乡的特产杨梅，要让同学们尝一尝，同学们高兴吗？"

学生们激动了："高兴！谢谢×××同学的妈妈！"

朱老师问："同学们想一想，这些杨梅应该先让哪些同学先吃和多吃一点？"

有的同学说："应该让家乡不长杨梅的那些同学先吃和多吃。"

有的同学说："应该让路途最远的同学先吃和多吃。"

……

朱老师说："你们想得都很好，有了好吃的能先想着别人，真是好品德啊！现在，我就让×××同学把他带来的杨梅发下去。"

这时，抢吃杨梅的同学用惊疑的目光时而看着朱老师，时而相互对望，显得很不安。朱老师却始终微笑着，用他们熟悉的目光传递着赞赏、批评、期待的信息。吃完杨梅后，朱老师回到办公室。不久，便有几位同学跑到办公室塞给他几张小纸条。打开一看，同学的纸条上写着：

我们没等全班人到齐就吃是不对的。

杨梅应该让老师安排人分给我们吃。

杨梅应让别人先吃和多吃。

学生家长带给大家的杨梅被一些先来的同学吃掉，这是一个偶发行为，朱老师敏锐地感到这是一个教育的契机。他没有立即批评教育这几个学生，而是重新买来杨梅分给大家吃，创设了"分杨梅"这个充满生活气息的教育情景，利用其中所蕴含"如何分"的教育因素，引导学生从具体的事情中体察了人情，体味到亲情，也使那些充满生活气息的先吃了杨梅的同学感到自己行为的不妥和错误，从而强化"心中有他人"的意识。

第一节　沟通语训练

一、沟通语的含义

教育口语中的沟通语是在教育情境中消除学生心理隔阂、取得心理认同的话语。

二、做好沟通的要求

首先，要了解和理解教育对象。了解是沟通思想认识的前提，是避免教育的主观性和盲目性的必经步骤。理解包含师生感情上的沟通，也包含教师对学生心理活动及其发展规律的认识。

例：一次测验，学生没考好，部分学生情绪低落，或是摔书，甚或把试卷揉成一团。

师：有一次，师傅教两个徒弟做灯笼，他们同时做了半天，但是都做不好。大徒弟气得把灯笼摔在地上，用脚踩，还边踩边说："这么难做，我不做了！气死我了！"可是二徒弟则是认真地拿自己做的灯笼和师傅做的样品反复对比，终于找出问题所在，最后还做出了比师傅做的样品还漂亮的灯笼。各位同学，我们该怎么做呢？

其次，缓和和化解紧张气氛。

说一句轻松幽默的或者亲近友好的话语，是驱散紧张气氛、沟通双方情感的常用方法。

例：老师扣错了扣子。

一位数学老师，这天与往常一样去给四年级同学上数学课。他一走上讲台，同学们突然大笑起来。他被笑声弄得有点不好意思，但不知道学生究竟为何发笑。这时一位坐在前边的女同学小声说："老师，您的扣子扣错了。"老师自己一打量，果然发现他外衣的第四个扣子扣在第五个扣眼里。学生仍在哄笑，批评学生显然不应该。怎么办？只见这位老师反而坦然自若地说："同学们，你们别笑，我是有理由的！第一，我起床的时候，一直琢磨着怎样给你们上好今天的课。这不，一想好就急匆匆地走进了课堂。第二，我们班有位同学运用数学公式总是张冠李戴，他不是比我更可笑吗？"同学们又笑开了，但笑的含义已经不同。老师还没有罢休："尽管我很委屈，但我还是要向大家承认错误，因为扣错扣子毕竟不是一件光彩的事。通过这事儿，我想告诉大家一个道理，就是'心无二用'。无论做什么事都要专心致志才不会出错。我向大家保证，今后决不扣错扣子！你们呢？那位爱张冠李戴的同学呢？"问题变得严肃起来，同学们都品味着老师的话语不再说话，于是老师开始讲数学课。

【评析】这位教师用委婉的语言，借题发挥，在自我批评中教育了学生。

再次，选用恰当的句式和语气。

师生是否心理相容，与教师选用的句式和语气密切相关。比如，在学生情绪冲动时，疑问句就不如陈述句平和委婉，反问句就更加生硬。

教室的玻璃被打碎了，班主任看后怒从心起，但他冷静地思考着，观察着同学，并语重心长地说："可能哪位同学一不小心把玻璃打碎了，我相信没有一位同学是故意把玻璃打碎的。假如这位同学勇敢地站出来承认错误，做一个诚实的孩子，老师和同学都会原谅他的。"接着老师又讲了一个关于诚实的小故事。

玻璃碎了，大家一定都很心疼，打碎玻璃的那位同学此时此刻肯定心里不好受，很后悔。玻璃虽然是他打的，但我作为老师也有责任，是我平时提醒不够，何况这位同学也不是故意的。所以，这块打碎的玻璃这次由我负责赔偿。不过以后，要是再有人打碎玻璃就要由他本人赔偿啦。

第二节　说服语训练

一、说服语的含义

说服教育是小学教育活动的一种重要形式，是教师通过摆事实讲道理，借助言语、事实和示范，把外在的社会角色规范内化为说服改变对象的道德认知，从而改变其态度或使其行为趋于预期目标行为的活动。

二、说服语的特点和要求

说服是向学生进行思想品德教育的最基本的方法。它通过摆事实、讲道理，向学生阐明正确的道理，影响、改变学生原来的观念和态度，引导其行为趋向预期目标的语言。说服语的基本要求是：

（一）调查研究

调查研究是"说服"的前提。教师要"说服"学生，达到预期的教育目标，那么教师在"说"之前，就应该充分了解学生在思想品德方面存在的问题，了解学生的情况和心理，找出症结所在，想出解决问题的办法，在此基础上对学生进行说服工作。同时，教师还应该设身处地地为学生着想，了解学生的需要和接受方式，以保证说服工作的顺利进行。

（二）诚恳亲切

诚恳亲切会让学生有信赖感。教师与学生的处境、年龄、心境不同，彼此之间存在一定差距。因此，缩短师生之间的这种心理差距是很关键的。学生对老师的品格、素质和动机是否信赖，决定着说服能否成功。教师只有以诚恳亲切的态度，运用真挚热情的话语，既热情地肯定学生的进步，又要善意而耐心地批评他们的缺点和错误，让他们感觉到老师既是严格的，又是友善的。教育实践证明，一个学识上为学生所推崇、师德上受到学生尊敬、对学生充满爱心的老师，他的说服教育就比较容易为学生所接受。

（三）就事论事，以理服人

教师在对学生实施说服教育的过程中，不能以偏概全，不能用强制、压服和简单粗暴的方式空洞说教；而应该摆事实、讲道理，就事论事，对他们的不当之处通过讲清事情的道理，耐心劝说、感化，帮助学生分清是非，最终"服理"，心悦诚服。

（四）通俗生动，寓理于事

为了让说服的语言既朴实无华，又具有强烈的感染力，使学生在兴趣盎然中受到启迪和感化，教师的语言就应该通俗易懂，生动幽默而充满情趣，在突出思想性的前提下，用生动活泼和幽默的话语寓理于事，从而增强说服的吸引力、感染力和有效性，同时还可以缓解紧张的气氛。

三、说服语的类型

(一) 直接说服

直接说服又叫正面说服，就是说服时正面摆事实讲道理，不绕弯子。

【示例】给孩子出道选择题

学生跟老师请假去参加表姐的婚礼。老师问道："告诉老师，你能去给表姐帮什么忙？抬东西吗？要不就是管理事情？"看看学生直摇头，老师温和地说："老师知道，去吃表姐的喜糖是你盼望已久的事情。如果她在节假日结婚，我们不上课，能去当然好。可现在情况不同，明天数学、语文都学新课，连你们活动老师也说，明天活动课上要搞小制作比赛。你要是不来上课，那损失有多大呀！假如你只是想凑热闹，那太不划算了；想吃好东西，可以让你爸爸、妈妈给你多捎些回来。"学生站在老师面前，眼里有泪珠在滚动。"这样吧，老师已帮你把事情分析了，对你请假的事，老师不说'行'，也不说'不行'。至于怎么办，你今晚回家再好好考虑一下。"

【评析】这个例子是老师就学生请假进行说服。教师先向学生进行提问，让学生明白，他参加婚礼帮不了什么忙；接着又从学习新课、让父母捎好吃的回来两个方面说服学生；看学生眼里的泪珠表明他还未被说服，老师就让学生自己思考、选择。整个说服过程，都是老师在直接陈述自己的观点，告诉学生应该到学校上课。

(二) 间接说服

间接说服就是不正面摆事实讲道理，而是通过借助其他手段委婉地说明事理，让学生自己感悟，或者教师在最后点明。间接说服的方法很多，常用的有：

1. 迂回诱导式

【示例】有天下午，王刚在放学的路上过马路闯红灯，班主任知道后，没有马上批评他，而是到第二天中午同王刚一起回家时，在马路上老师问了王刚一个问题："当你看到一名少先队员闯红灯过马路时，你该怎样教育他？"王刚很聪明，一听就知道事情不妙，但还是强打精神说："我会告诉他，这样做不对。再说，闯红灯也太危险了。""说得太好了，那你说，那个少先队员懂得了闯红灯这个道理以后会怎样呢？"王刚支支吾吾，惭愧地说："老师你别说了，那个学生就是我。我错了，今后一定改正。"

【评析】老师用的是迂回诱导法。对学生的不良行为，老师没有直接说服教育，而是通过聊天，从看起来毫无联系的话题入手，逐渐引导、过渡到中心话题上来，这种方式容易让孩子接受，又不伤他们的自尊心。

2. 巧设比喻式

【示例】一位教师发现他的学生出现"早恋"现象时，巧妙地向学生讲起家乡果园的事情。他说："我们村子周围有大片的果树园，寒来暑往，春华秋实。有一年秋末冬初，我突然惊奇地发现，有些就要落叶的果树枝上竟然开出了一簇簇小小的果花。不久，花谢了，居然也结出了山楂般大小的果子。可惜没过了几天，霜冻就来了，叶落尽了，小果实也烂掉了。小时候我每每捧着这些小果子发呆。后来，我才明白：不该开花的时候开花了，不该结果的时候结果了，是会受到自然规律惩罚的。今天，同学们中的一些事情又引起了我的思索。你们是否也从中得到了一些启迪呢？"同学们深有感触，早恋现象在这个班消失了。

【评析】教师以"失时的花果"为喻，巧设比喻，寓道理于故事，让学生愿意听，听得进，说服力、感染力强。

第三节　启迪语训练

一、启迪语的含义

教师在教育教学活动中用来启发学生自我教育的积极性与主动性，引导和促进学生积极主动进行自我教育的语言。

二、运用启迪语的要求

（1）切合实际、直观生动和切合学生的思想实际与认识水平，选取学生最易接受的角度和直观形象的事、物，调动学生积极思维。

（2）易于联想、便于对比，启迪语要使学生能产生联想、发现并认识自己思想、行为与公德和行为规范的差距。

（3）积极赞扬、促进转化。

（4）理论升华、提高境界。用概括、总结的口语把学生思维上升到理性高度，强化对规律的认识。

三、常用启迪语的方式

（一）提问

教育情境中的提问是根据谈话目的，有针对性地向学生提出问题，目的是引导他们对客观事物做出肯定或否定的评价，以促进道德情感的转换。要注意千万不可把提问变做责问、盘问、追问、逼问等。

（二）分析

限于认识水平和其他原因，小学生往往不能分清事物的主次、表里、本质与非本质等内容。教师做思想工作，常常通过分析来帮助学生提高思想认识，对客观事物作出肯定或否定的评价。

某毕业班的学生学习积极性很高，但是不注意劳逸结合和科学用脑，连课间十分钟都不出教室的门，很多同学还闹头疼。

一天，数学老师出了两道数学题：8-1>8，3-1=0，还说这是世界上公认的答案正确的两道题，并且请同学来分析这两道题，没有同学能分析出来。

老师说：其实，这是两道"思想应用题"，单靠我们平时所学的知识是理解不了的。大家知道，我们每天安排 7 节课，每节课间休息 10 分钟，这是有科学依据的。利用 10 分钟与同学聊聊天，唱唱歌，走廊上走走，可以使脑子得到休息。心理学研究表明，一个人学习一段后适当地调节一下，就能记住所学的 56%，如果不停地学习，使脑子疲劳，只能记住 26%，大家看，休息占去了 1 小时，可是换得 7 小时学习的高效率，比 8 小时不休息还强，大家说，是不是 8-1>8 啊？

老师接着说：我们追求的目标是：德、智、体全面发展，如果不注意身体，把身体搞坏了，即使德、智全优，也等于白学了，因为身体是"革命"的本钱，所以说，3-1=0。大家说，有没有道理啊？

（三）举例

对于思维水平不高的小学生，建立一种新的认识，举例是一种方便而有效的方法。

班里有些同学爱说风凉话，这些话会在班里产生消极作用，如：有些同学勤奋好学，被说成是"书呆子"；有同学做好事，被讥讽"假积极"。

老师说：今天我要给大家讲一个故事。有一天，祖孙二人骑着驴去赶集。路人议论："俩人骑一驴过于残忍。"于是爷爷下来让孙子骑。路人又议论："孙子不孝。"孙子赶紧下来让爷爷骑。没想到又有路人议论："这个做爷爷的心肠太硬。"后来，两人干脆都不骑了。路人又说："看这祖孙俩，竟然放着毛驴不骑！太傻啦！"大家说，这祖孙俩该怎么办呢？

（四）设譬

设譬所阐释的道理比一般的举例要深刻得多。小学语文教材编入大量哲理性很强的寓言故事，常常被教师作为学生品德教育设譬的材料。

有一个六年级的学生畏于难度大、强手多，而不敢参加语文知识竞赛。为了鼓励学生树立信心参加竞赛，老师给他打了个比方：你从高处俯视过集贸市场吗？那阵势可真是人山人海、万头攒动，看上去简直没有落脚的地方。但是只要你走进去，就会有你的位置。而且，其实到市场不一定非得买东西不可，至少可以见识一下商品，了解一下行情。可是如果你担心人多而望而却步，那多可惜啊！参加比赛也是这样，不要总想着不如别人，老师不强求你非拿第一名，即使拿不到名次，锻炼一下自己的勇气也是很好的。

（五）自我思考法

吃饭时，一位农村来的学生将一只肉包子一掰两半，啃掉肉馅，然后"咚！"地一声将包子皮随手扔进泔水桶里便扬长而去。班主任找他个别谈话："这个周的周记你就写你丢包子这件事。如你感到难写，我建议你想想下面几个问题再下笔：①你当时是怎么想的，过后有没有想过这件"小事"；②这个肉包子是你花钱买的，但这买包子的钱是哪里来的；③你父母是农民，如果他们看到了你刚才丢包子的情景，将会做出什么反应；④我今天建议你写这篇周记，你认为是否必要。"

练习

如何说服一个平时做作业潦草的同学使他写出工整漂亮的作业？

第四节　表扬语训练

一、表扬语的含义

表扬语是指教师在教育活动中，对学生个体或群体所表现出来的良好的思想品质、言语行为给予肯定性的评价。

二、表扬语的特点和要求

表扬语是指教师对学生的表现进行肯定、赞许、褒扬的话语，是对学生进行正面教育的评论性讲话。心理学家威廉詹姆士说："人类本质中最殷切的需求是：渴望被肯定。"教师对学生的良好行为或某一进步表现及时给予肯定和表扬，能激励学生的上进心，从而产生巩固这些思想或行为的动机与信念，有利于学生良好道德习惯的形成。苏霍姆林斯基曾经指出："教育技巧的全部诀窍就在于抓住儿童的上进心。"及时的表扬能激发学生上进心，对于促进其智力发展和情感升华也具有积极作用。恰到好处的表扬，在一个集体中也会产生良好的作用：它使受表扬者了解到自己的优点，使没有受到表扬者能够找到学习的榜样，明确努力的方向和目标；对于后进生，也起着一种鞭策和导向作用。表扬语的这种群体效应，是每一位教师都应该重视的。运用表扬语，应该注意以下四个方面。

（一）实事求是

教师对学生进行表扬，是对受表扬者的肯定和褒奖，也是为了树立一个学习的榜样。这就要求教师深入学生中间，做细致的调查研究，弄清事实，了解学生各方面的情况，使教师的表扬准确、恰当，符合实际，让受表扬者和未被表扬者都佩服老师的水平，从而达到表扬的目的。在对学生进行表扬时，教师的态度一定要诚恳热情，以满意的微笑、赞许的点头、欣赏的目光，发自内心地肯定学生的点滴进步，让学生感到老师的热情和温暖，受到鼓励，找到自信；"一石激起千层浪"，无论是对个人还是对整个班集体，都起到一种弘扬正气、激励进步的作用。

（二）客观公正

学生群体是复杂的，有的学习自觉主动，成绩突出；有的调皮贪玩，听课注意力不集中；有的温顺听话；有的让老师伤脑筋等等。而老师也首先是一个人，处理问题、考虑事情难免会有自己的主观色彩。这就要求教师尽量克服主观色彩，客观、求实、冷静地对学生进行批评或表扬，这是教师对学生进行评价时应有的基本立场。教师运用表扬语的公正性，就是面向全体学生，对他们的成长与进步，一视同仁地给予肯定和鼓励，不能只看到优秀生的优点，而看不到后进生的"亮点"。事实上，恰恰是那些后进生最需要表扬，而现实中老师们表扬后进生往往比较难。所以，教师运用表扬语时切忌因为表扬一个或几个同学，而挫伤了其他同学的积极性。

（三）及时敏锐

表扬是一种激励，及时表扬能发挥表扬的最大功效。可以说，所有学生在取得成绩或做了好事之后，都希望得到他人的肯定和认可。教师如果在这样的心理背景上，对他们的行为结果予以及时表扬，就会使这些优点和进步及时地得到巩固和发扬。错过时机，表扬就会大大降低甚至失去其应有的作用。教育实践中，教师不仅要及时表扬，还要敏锐地发现那些平时没有突出的成绩，而此时哪怕是有了一点点进步的同学，甚至是比较落后的同学的点滴进步，都应该及时给予表扬。比如一名小学生英语考试只得了40分，但老师却说："前不久的期中考试时，这位同学的成绩是30分，还不到一个月的时间，经过自己的刻苦努力就前进10分！要是按照这样的速度前进，何愁英语成绩上不去呢？这位同学不甘落后、刻苦努力的精神值得全班同学学习！"40分的成绩实在太差了，但老师在纵向比较中敏锐地发现了学生的进步，并用热情诚恳的语言表扬了他，这样的表扬就成了学生成绩进步、思想转变的催化剂。

（四）灵活适度

表扬语用得好，可以点石成金，起到鼓励先进、督促后进的育人作用。教师运用表扬语时，既要审时度势，把握最佳时机，也要辨证灵活，委婉含蓄。表扬不能千僧一面，要因人而异、因事而异，要注意讲究实效，所以表扬的语言一定要灵活。同时，表扬也忌讳"滥"。也就是说，该表扬而没有受到表扬会使部分学生自卑，但某些同学处处受表扬也就等于没有表扬。所以教师应该掌握一个"度"，对好学生不能表扬过多，对后进生也要拿出"放大镜"，发现他们身上的"闪光点"。实践证明，过多的表扬不但不能激发学生的积极性，反而会将心理尚未成熟的学生诱入自视过高的幻想，导致其听不得批评、心理承受力差等问题的产生；而对某些学生吝惜表扬语，也会让那些学生失去自信，甚至"破罐子破摔"，产生消极影响。所以，善教育者总是将赏识教育与挫折教育并用。对幼儿运用表扬语，应该注意以下三点：一是表扬的人和事应具体，易为幼儿效法；二是要依据事实，恰如其分，不任意拔高；三是语调、教态中饱含赞扬和期望。

三、表扬语的类型

从表扬语的形式看，表扬可以分为以下三种。

（一）当众表扬

当众表扬是指在公开的场合、当着众人的面而进行的表扬。当众表扬因为影响面比较大，容易使受表扬的学生产生一种荣誉感，更能帮助差生找到自信，树立自信心。这是教师运用表扬手段时最常用的形式。

【示例】有位学生对数学课缺乏兴趣，成绩较差。一次，老师让他上黑板演算数学题，他做对了，老师借机表扬了他："这道题有些难度，你却一下子做对了，不简单，看来你最近下功夫了。"同时向他投去惊喜的目光。后来，老师不断对这个同学进行督促，还把他写得比较认真的作业拿给全班同学看，表扬他作业做得好。经过不断的努力，这个同学的数学学习成绩果然有了很大的提高。

【评析】教师借助于课堂这个公开的场合，对一个数学成绩较差的同学，从不同的方面进行了数次表扬，唤起了这个同学的自信和自尊，促进他自强，从而使其数学成绩有了很大提高。

（二）个别表扬

个别表扬就是在非正式场合，或与学生个别交谈时进行的表扬。为了更好地帮助学生，具体细致地了解学生的情况，与学生做更多的交流和沟通，教师常常要跟学生单独相处，与学生谈心、交流。在这种情况下，教师可以适时地运用表扬语，对学生的某些方面进行肯定和鼓励，会让学生特别感动，也更容易取得学生的信任，甚至会影响学生的一生！这也不失为一种表扬的好方法。

【示例】一所中学的体育老师在训练学校足球队时，发现一名叫晓晨的学生各方面素质非常全面，是棵好苗子。一次，老师对晓晨说："你的基础很好，好好练，会成为国家队的优秀后卫队员。"这句话对晓晨起到了极大的激励作用，成为国家队的队员成为他努力的目标。经过刻苦努力，不久他入选了省里的甲级球队，并成为主力队员。晓晨后来回忆说，老师表扬鼓励我的话对我的一生产生了巨大影响。

【评析】跟老师的近距离接触，本身就会给学生留下较深的印象；而这种情境下的适时适度的表扬鼓励，对促进学生的进步和成功具有十分显著的作用。

（三）随时夸奖

教师在与孩子的频繁接触中，会随时看到学生言行中的闪光之处，这时老师及时表扬他们的点滴进步，能够强化学生的意识，巩固这些好的行为，培养学生形成良好的习惯，而不必拘泥于在正式的集体场合表扬。

第五节　批评语训练

一、批评语的含义

批评语是指在教育活动中，教师对学生的缺点、错误进行否定评价的教育口语。

二、批评语的特点和要求

批评语是教师进行思想政治教育时常用的教育口语之一，主要用来指出缺点错误，总结经验教训，提出正确的做法，以达到让学生修正错误、提高认识的目的。金无足赤，人无完人。处于成长时期的学生，他们对一些观点和行为有时还缺乏分辨能力，难免会出现这样那样的问题，这就要求教师能及时发现他们身上的缺点和不足，"长善救失"，帮助学生健康成长。

目前，我国的一般家庭，尤其是城市家庭，基本都是独生子女，出现了很多"小皇帝""小公主"，他们大多娇气、霸气，听不进"批评"，受不得挫折，心理承受能力比较差。这种现状对教育工作者提出了更高的要求，促使教师要注意教育机智、讲究教育策略，否则，很容易激起学生的抵触情绪，甚至导致严重的后果。教师运用批评语对学生进行教育时，要注意以下四个方面。

（一）尊重事实，尊重学生

教师在对学生的不良行为进行批评教育之前，应该对事情做一定的调查了解，并对事情加以分析比较，评定是非优劣，然后针对客观存在的现象进行明确的批评教育；而不能一发现问题，就不问青红皂白，先把学生批评一番，这样有时会错怪一些好学生。在批评学生时，还要注意创设良好的心理环境，让学生放下挨训的心理包袱，始终尊重学生的人格。要给学生解释的机会，了解学生的真实想法以使批评教育具有较强的针对性。也只有这样，教师的批评学生才能听得进去，教师的建议也才能容易为学生所接受。

（二）充满爱心，与人为善

苏霍姆林斯基说过："批评的艺术在于严厉与善良的圆满结合：学生应该在教师的批评中感受到的不仅是合乎情理的严厉，而且是对他充满人情味的关切。"因此教师在批评学生时，应该充满爱心，饱含善意，不说过火的话，不以尖刻的指责、讽刺挖苦、上纲上线或粗话谩骂等言行代替批评教育；不摆出居高临下的架势训斥学生。而应该以循循善诱的师长身份，晓之以理，动之以情，跟学生做平等、真诚的交流，让学生感到，在老师的批评的话语中，老师不是故意为难他，而是真心爱护帮助他，是为了他的进步而苦口婆心。例如，一位老师发现班上有位同学在自习课上打瞌睡，老师摇醒他，温和地说："做梦了？梦见白发的妈妈在灯下给你这个宝贝儿子做布鞋？"这样的批评语不露声色，却将严厉的责备隐含在温和的语调之中，对学生的警醒作用要胜于严厉的说教，因为在充满人情味的话语中也传递了老师对学生的爱护。

（三）注意方式，讲究策略

教师批评教育学生要因人而异，因事而异，应根据不断变化、错综复杂的情况，按照不同学生的个性特点，采取不同的批评方式，讲究批评策略，巧妙化解矛盾。有时候可以先表扬，肯定学生的长处，然后再指出学生的不足，这种方法比较容易为学生接受；有时候可以正话反说，迂回包抄，巧妙引入教育的话题，让学生在顿悟老师的用意时主动地接受老师的批评。总之，批评的目的在于帮助学生克服思想言行上存在的缺点、错误，批评的效果最终要通过学生的行为来体现。要使批评达到预期的教育目的，教师必须讲究方式、方法，消除受批评者的戒心和顾虑，让受批评者心悦诚服地接受批评。

（四）客观公正，注意引导

对学生的缺点错误以及由此对学生进行的批评教育，教师要坚持客观公正、态度鲜明的原则。对学生应该一视同仁，不能有远有近，有亲有疏，有喜好，有厌恶；也不能偏袒一部分，歧视一部分，放纵一部分，这些做法都有失教师的师德。教师在客观公正地对待每一个学生的同时，还要以鲜明的语言表明自己的态度，实事求是，让学生明确意识到老师的态度和观点，明白哪些是对的，哪些是需要坚决改正的，对再三犯错误的同学，更要讲究方法策略，有时采用公开的方式进行严肃的批评也是必要的。但批评只是手段，而不是教育的目的。教师在批评教育学生的时候，诚然要帮助学生分析错在哪里，为什么会错，使学生明辨是非，心悦诚服。同时，还要给学生改正缺点和错误的机会，既要指出缺点错误，还要肯定学生的成绩进步，更要鼓起他们改正的勇气，要使思想教育如春风化雨，使受批评者真正感受到教师的善意和温暖。

三、批评语的类型

批评作为一种教育手段，运用时的效果如何，很大程度上取决于教师批评的方式和批评语言的选择。批评教育时最常用的方法是直接批评，也就是直截了当地指出学生的缺点错误，对其批评教育，促其改正。有时因为教育语境的不同，批评教育还可以用间接的方式，以委婉的方式对学生进行批评教育，这种方法运用得好，可以收到比直接批评更好的教育效果。

（一）正面引导法

这种方法就是通过表扬那些做得好的同学，或者教师用行动来示范，为那些做得不好的同学做出榜样，让他们感悟到自己的不足，促使他们自我纠正，从而起到间接批评的作用。

【示例】在上师范的时候，我任学习班长。在学完《岳阳楼记》这篇课文后，教文选的王俭老师对我们说这篇古文语句优美，要求大家把课文背下来。第二天上文选课时，王老师说："昨天要求大家把《岳阳楼记》背下来，下面我进行检查，能背下来的同学请举手。"同学们你看看我，我看看你，都低下了头，谁也没有勇气举手，因为我们都没有完成这个作业。我心想：这顿批评肯定躲不过去了。完全没有想到——王老师稍停了一会儿说："请大家打开书本听我背一遍。"于是王老师一字不差地把这篇古文背诵了一遍，那抑扬顿挫的声音，深深地印在了我们的心里。我惭愧至极，深为自己是一个学习班长没有带头完成作业而懊悔。课后，同学们议论纷纷：王老师这种没有责骂的批评太让人服气了，以后我们一定按时完成作业。

【评析】面对学生不完成作业的不良表现，老师没有大动肝火，严厉批评，而是身体力行，身教重于言传，用自己的行动让学生"惭愧至极"，并表示"以后我们一定按时完成作业"，教师的"表率"昭示了学生该如何去做。

（二）正话反说法

变换说话的方式和角度，正话反说，先让学生听进去，然后让他们自己去思考、去得出结论，这也是一种较好的批评方法。

【示例】一位班主任发现不少青年学生躲着吸烟，危害极大。但不做正面指责，而是对全班同学说："今天想与大家谈谈吸烟的好处。吸烟的好处至少有四：一则可以防小偷。因为吸烟会引起深夜剧咳，小偷怎敢上门。二则可以节省衣料。咳的时间长了，最终会成驼背，衣服可以做短一些。三则可以演包公。从小就开始吸烟，长大后脸色黄中带黑，演包公就惟妙惟肖，用不着化妆了。四则永远不老。据医学记载，吸烟的历史越长，寿命越短，当然永远也别想老了。"

【评析】对吸烟的同学，老师没有直接批评，而是巧妙用语，正话反说，设置了一种心理相容的教育环境，对吸烟同学进行了耐人寻味的教育。

（三）勉励激发法

批评的目的在于教育，在于帮助学生认识错误，改正缺点，让学生沿着健康的轨道茁壮成长。所以善于批评教育人的老师，常常是少批评多鼓励，采用勉励激发的方式，尽量把批评的话语换成鼓励的表达方式。

【示例】一位老师是这样对待考试成绩不理想的同学的："这次你三门功课没有考好，真出乎我的意料。有人说你天资低下，我认为并非如此。恰恰相反，你反应很快，就是舍不得用功。一次考试失败了并不可怕，可怕的是无动于衷，自甘落后。我想你一定能吸取这次的经验教训，发挥你的聪明才智，在期末考试时打个翻身仗，让事实证明你是好样的！"

【评析】学生的考试成绩遭遇挫折，老师不是指责、批评，而是诚恳地分析学生的长处、优点，勉励学生吸取经验教训，以在下次考试中取得好成绩。这让学生看到了希望，无形中注入了向上的力量。

（四）委婉幽默法

德国著名演讲家海因雷曼麦说过："用幽默的方式说出严肃的真理，比直截了当地提出更能为人接受。"对学生进行批评，有时可以采取含蓄、幽默的方式，这样可以避免直接针对学生错误而产生的负面影响，同时也可以使学生更加乐意接受老师对其错误言行的批评，从而更好地改正错误。

【示例】吃过早饭，几个男生在宿舍闹着玩，把盛满水的塑料袋放在门上边，等着一位同学进门。就在这时聂老师去宿舍找人，看门虚掩着就随手推门而进，"哗"的一声，一袋子水顺身而下，早上换的衣服全湿了。房间里的学生都吓得目瞪口呆，静等老师的训斥。谁知聂老师却笑着说："今天是泼水节吗？我怎么不知道啊！再说我们这里是不过这个节的。"大家都笑了，那位往门上放水的同学不好意思地低下了头。老师抚摸着他的头说："同学们之间说个笑话是可以的，但不要这样。"

【评析】面对尴尬的局面，老师没有怒斥，而是用幽默诙谐的语言缓和了气氛，缩短了师生之间的距离，有利于学生接受批评。这种艺术的批评语言也显示出教师的胸怀和气度。

（五）故事暗示法

故事暗示法就是通过讲寓言、故事等形式，跟学生一起分析故事所蕴含的道理，进而结合现实中存在的问题，告诉学生怎样做是正确的，哪些做法应该改正的一种批评形式。

【示例】一位教师不止一次地告诉学生，要爱护公物，爱护班里的桌椅板凳，不可以在桌子上乱刻乱画，不要把椅子踢来摔去。但部分同学仍然不能很好地改正。于是，在一天班会上，老师给同学们讲了一个故事《桌椅的对话》：小明平时不爱护桌椅。这天，他第一个到教室，还没进门，就听见桌子和椅子在唉声叹气地说话："我的主人一点也不爱护我，昨天上课的时候在我脸上狠狠地刻了一刀，到现在还疼呢！"椅子说："我的主人也好不到哪儿去！前几天他举起我去砸另一个同学，结果一下子把我摔到地上，把我的腿都摔断了，到现在还不能站立呢！"……小明听了桌椅的对话，惭愧地低下了头，以后他再也不摔打桌椅了。接着，老师从故事引导到班里的现象，告诉小学生桌椅也会疼的，所以一定要爱护他们。以后，摔打桌椅的现象再也没有发生过。

【评析】故事用拟人化的手法，生动地讲述了"木头"的感受，这让"死木头"一下子有血有肉地鲜活起来，并给孩子以深刻的印象。这种故事暗示法比直接说教更能深入人心，震慑孩子的心灵，从某种程度上说，这样的批评教育可以让孩子终生难忘。

（六）直接说理法

面对学生不同的年龄、心理、性格特点，不同的教育情境，教师诚然要讲究批评教育的方式方法，以达到育人的目的。但有些情况下，事情比较微小，情况不是很严重，教师也可以对学生直接说理，帮助他们分清是非，改正错误。

【示例】玩沙活动开始后，一个小朋友把沙塞到了旁边一个孩子的脖子里，这孩子哭了起来。

师（关心地）：你怎么啦？什么地方不舒服？

幼：他把沙塞在我的脖子里，我难受极了。

师：怎样难受啊？

幼：有点疼，又有点痒，太不舒服了。（哭）

师：啊，真的！老师来帮你把沙子一点一点挖出来。（边挖边说）你觉得好点了吗？是啊，沙子塞在脖子里真难受。

众幼：我们也来帮你挖，快快把你脖子里的沙都挖出来

幼 1：是谁把黄沙塞到你脖子里的？

幼：就是他嘛。（犯错误的幼儿紧张极了，躲得远远的。）

师：你看，小朋友都在帮他，你也快些过来，帮他把脖子里的沙挖出来，你说好吗？

师：我们大家都知道了，把沙塞到别人脖子里是很难受的。我们以后玩沙应该怎样玩？要注意什么？

幼：（塞沙的小朋友第一个举手）千万不能把沙塞到小朋友的脖子里。

幼2：沙还不能弄到别人的眼睛里，不然人家的眼睛会瞎的。

幼3：也不能撒在地上，这样沙子都浪费了。

……

【评析】幼儿犯了错误，老师边处理发生的事情，边告诉大家："把沙塞到别人脖子里是很难受的。"否定了幼儿的做法，并进而引导幼儿思考玩沙的时候还要注意哪些问题。简单明了，清楚明白。

四、教育口语综合训练

教师要针对教育对象个性、能力、心理、兴趣、爱好的差异，从实际出发，有的放矢，区别对待，才能取得良好的教育效果。

（一）对优等生的谈话训练

优等生一般都比较自信，但也有自傲和自作聪明的缺点。教师应采用暗示、委婉、诱导的言辞，启发他们正确评价自己，扬长避短，向更高更新的目标迈进。

训练：有一男生，学习成绩很优秀，可参加班长竞选却落选了。请设计教育谈话。

（二）对后进生的谈话训练

对后进生要注意采取"积极教育""肯定评价"的策略。同他们谈话要充分肯定他们的"闪光点"。

训练：数学课讲完例题后，请一名差生到讲台上做题。但他却面对算式愣了神，站在那儿一动也不动。请设计对这名学生的教育谈话。

（三）对调皮学生谈话的训练

调皮学生大多聪明、活泼、胆大、好动，既有长处又有缺点，常常搞点恶作剧。对这类学生，应给予充分信任，动之以情，往往能取得较好效果。

思考和练习

1. 教育口语的含义和要求是什么？

2. 什么是说服语？运用说服语应该注意什么？

3. 什么是表扬语？表扬的方式有哪些？

4. 分析下面一段话，看看李老师的教育口语使用了哪种方法？

一天早晨，班主任李老师到班里去，远远就看见李明同学拿着一把笤帚在讲台上龙飞凤舞，苦练"武功"。见老师来了，李明赶紧溜到教室后面，扫起地来。李老师把这一切看在眼里，不动声色地走进教室，见只有他一个人，便说道："李明，这么早你就来扫地了？"李明红着脸说："反正我起得早，早点打扫，就不影响同学们自习了。"李老师当即表示赞许，后来又在班会上表扬了李明同学"早起打扫卫生"的事迹。

5. 请分析下面这段话里孙敬修爷爷的教育口语的特点。

一次，故事爷爷孙敬修看见几个孩子在折树苗，他没有作声，而是把耳朵凑到小树苗上，做出听什么的样子。几个孩子看到老爷爷奇怪的举动，好奇地问："老爷爷，您听什么呀？"孙敬修神秘地回答："我在听小树苗哭。""小树苗也会哭吗？""是啊，不光会哭，它们还会说话。你们折了它，它疼得很，当然要哭了。它们说，它们要快快长大好为祖国建设服务，请你们不要损害它们。"孩子们听了这番话，知道自己做错了，都红了脸。

6. 细读下列教育语例，评析该语例的特点。揣摩老师说话时的语气神色，然后进行模拟表演。

有人说咱们班是个乱班，劝我别当你们的班主任。我了解了一下咱们班"乱"在哪里。在我看来，咱们班是个生龙活虎的、很有希望的班……有没有缺点错误呢？有！怎么来看待它呢？毛主席说过：世界上只有两种人不犯错误，一种是死人，一种是还没有生下来的人。是人就难免犯错误，真犯错误了，要勇于改正。我们要发扬活泼奋发的优点，克服自由散漫的缺点。我们的口号是：人人爱集体，个个为集体争光！今后，凡是对集体不利的事咱们坚决不做，同心协力建设好班集体。同学们有信心吗？

7. 按要求完成。

（1）根据材料设计一段批评语。

① 小王是高二的优等生，因碍不过同乡的情面，代替一名高三报考美术专业的毕业生进行文化考试。老师对他进行了严肃的批评。

② 班级里有的学生不讲卫生，指甲又黑又长，还总喜欢吮手指。

（2）按下列情景设计班主任的表扬性谈话，并进行试讲。

五（3）班十多位同学冒着倾盆大雨清理教室外排水沟中的淤泥和教室内的漏水，每一位同学都成了"落汤鸡""泥猴子"。素素和方方干完活就接连打起了喷嚏；平时常挨批评的"淘气大王"小虎和小根这回出了大力，他俩跳进水里，掏起一块块堵着排水口的砖头、石块，使积水顺利排出，避免了教室被淹的后果。第二天，班主任及时表扬了这十位同学。

8. 细读下列示例，分析并讨论教师对这个学生的谈话以什么为指导思想，运用了哪些教育口语技能。

开学第一天，新来的班主任把班上有名的后进生同学找到办公室。教师打开抽屉，掏出厚厚的一叠检讨书、保证书，摊在学生面前，问：

"这都是你写的吗?"学生的脸"刷"地红了,很快蒙上了一层灰色。他不满地瞟了教师一眼,转过脸去,皱着眉,一言不发。教师说:"都拿回去烧掉吧,我不需要这些。"学生惊讶地看着教师,不断地眨着眼睛,不敢相信教师的话是真的。教师又说:"真的,拿回去吧!"过了好一会儿,学生才低声地、一字一顿地说:"老师,等我真的改好了,再给我吧!"但教师坚决让他拿回去,并说:"我相信你一定能改好。不但自己能改好,而且还能带动一批同学进步!"

9. 训练

缪老师新接了一个班,第一次与同学见面,开始自我介绍:"同学们,我姓缪——"当她正准备转身板书"缪"时,不知谁发出一声模仿猫咪的叫"喵——"于是所有的同学都大笑不已。

请设计教育用语。

第七章　教师其他工作口语训练

第一节　教师其他工作口语运用的基本原则

教师其他工作口语，是指教师在直接性的教育、教学活动之外，以教师角色参与的其他工作语境中使用的口语。教师其他工作口语，是教师同非教育对象如家长、上级、同事以及社会各界人士间进行的，与教育、教学活动间接关联的工作性口语交际活动。

一、转换交际角色

在教师其他工作语境中，交际对象变换了，不再是教育对象，而是学生以外的社会上的各种人，口语交际双方处于平等的地位。因此教师要具备"角色转换"意识，要以"平等性"作为语言调适的原则。

二、维护教师形象

教师在非教育、教学的工作性语境中，仍然要有"身份意识"，要通过得体的言谈，体现教师的职业修养和文化内涵，塑造庄重、文雅的教师形象。说话态度要谦和而自信，坦诚而大方；不要盛气凌人，更不能畏缩卑下。

三、适应教育对象

教师要针对教育对象个性、能力、心理、兴趣、爱好的差异，从实际出发，有的放矢，区别对待，才能取得良好的教育效果。

四、营造和谐氛围

教师在其他工作中的口语交际对象众多而复杂，这就要求教师在其他工作语境中进行口语交际时，要考虑不同对象的可接受性，以"心理相容"为口语交际的原则，通过不同风格的口语表达，调适并营造口语交际的和谐氛围。

第二节　教师对不同工作对象的口语运用训练

一、与家长的谈话训练

（一）家长会上的讲话

应事先组织好讲话的主要内容和材料，如：介绍学习成绩，学校概况，班级概况，学生表现，需要家长配合解决的问题，等等。

对学生的称赞，应把成绩归功于家长，不足之处归咎于自己。

（二）家访

教师应事先明确家访的目的，把握家长的个性特征和心理需求，灵活组织语言。

（三）接待家长来访

教师态度要谦和，热情接待，妥善处理手头的事，迅速与家长谈话，了解家长来访的动机。教师还应选择适宜的场所与家长谈话。

改说：假设你是一位刚参加工作不久的青年教师，请将下面实例中教师的话进行改说。

一位青年教师在家长会后，要求一位家长留步，说："研究一下你孩子的事。"等其他家长走了以后，老师热情地请这位家长坐下来谈，可是家长已经是怒气满面了。他第一句便说："我的孩子怎么了？你当着那么多人的面太叫我难堪了！"这位教师费了好多唇舌才挽回局面。

家访情境训练

1. 一位学生将要留级，请你作为班主任老师进行一次家访。

假设家长有以下几种情况：

家长是一位暴跳如雷的父亲

家长是一位放任自流的母亲

家长是一位溺爱孙子的老奶奶

请根据上列三种情况，设计三个家访片段。

2. 课间学生打闹，一位学生不小心将另一位同学的头打破了，请分别对这两个学生进行家访。

电话家访模拟训练

对实例中的两次电话家访，从言语策略的角度进行对比，分析成功或失败的原因。然后设想家访的对象和内容，以模拟"打电话"的方式，分角色演练。

一次未成功的电话家访

教师（拨通电话）：×经理吗？我是×老师。有件事跟您说一下，×××在学校……

家长：（打断教师的话）：老师，×老师，这事很急吗？

教师：（犹豫地）……唔，不能说很急，但是……

家长：（再次打断教师的话）：不急的话，那就以后再说吧！我现在正忙着呢，对不起了！（匆匆挂断电话，"家访"失败。）

一次成功的电话家访

教师（拨通电话）：您好！您是×的爸爸吗？我是您儿子的班主任×××，请问您现在有空吗？我能不能请教您几个问题？

家长（如果有空）：×老师，甭客气，您说吧！

教师（简明扼要地说明预先想好的内容）：……

家长（如果没空）：哎呀！×老师，实在对不起，我正要开会。

教师：没关系，那咱们再约个时间，您来定。

家长：那就今晚8点吧。

教师：那晚上谈。再见！（晚上电话家访成功）

对比训练 教师对家长的不同谈话

一种说法："这孩子我管不了啦！""太不像话！真是少教养。""学校教育不了他，家长你领回去吧！"等等。

另一种说法：有一位女教师，虽然她处在十分气愤又无可奈何的情况下，却很善于组织自己的语言。家长来了，她先说："您看，我又麻烦您了。请您来帮助我！"经她这么一说，家长被请到学校一路上的狐疑、不满都会消失了。教师又说："我知道，孩子是听您话的，他也是一时在气头上，您来就好了。"

二、与上级的谈话训练

教师对上级的谈话，包括请示、汇报等内容。谈话的目的是求得上级领导的理解、信任和支持，以达到特定的工作目的。

（一）把握适当时机

与上级领导谈话的时机是否适宜，是决定谈话成败的不可忽略的因素。

（二）组织得体语言

教师同上级谈话，用语要注意谦敬、坦诚、简明。

三、与同事的谈话训练

教师与同事的工作性谈话，从态度上来看，要互相尊重，平等待人，真诚感人。谈话双方意见不合时，要从语言策略入手说服对方，以求得良好的工作合作关系。

情境训练

设想你已经是一名青年教师，怎样与不同身份、年龄的同事交谈，并给对方留下良好的第一印象？

谈话的对象：

老年教师

比你年长但学历比你低的中年教师

与你同龄的青年教师

学校总务部门的职工（如司机、电工、清洁工等）

学校某部门的干部

四、与其他工作对象的谈话

教师与其他工作对象的谈话主要是指教师代表学校所做的学校与学校之间或学校与社会之间的洽谈、协商等。

（一）目的鲜明

谈话的话题要相对集中。

（二）以情感人

协商谈话要用富有情感的语言，打动、说服对方，以达到协作的目的。

情境训练

你代表学校与某单位洽谈关于集资修建教学楼的事宜，洽谈中遭到在场少数人轻视教师的冷言，请设计一段简短的话语，使你既能维护教师的形象，又能达到洽谈的目的。

问：有人把教师职业说成是"太阳底下最光辉的职业"，你不认为这是阿 Q 式的自我安慰吗？

答：……

第三节　教师在不同工作场合的口语运用训练

一、集会性讲话训练

集会性讲话是指在庆贺、娱乐、鼓动或其他工作性质的集会活动中，教师作主持、串场、致辞或演说等形式的讲话。这种讲话一般可以看作是以教师身份参与的特定活动中的即席演讲。

（一）角度要新

要选取新的表达角度，能从常见话题中推出新意。

（二）措辞要巧

根据听众的不同情况，来做选择词用语的依据，以形成不同的言语风格。

（三）情感要真

讲话要有感召力，讲话者必须情动于衷，形之于声。

仿说：设想你在集会活动中当众讲话忘了词的时候，仿造实例说几句话，使自己镇静下来，化险为夷。

一位年轻的女教师参加一次妇联组织的演讲比赛。她上台刚讲了两句，竟然忘词了，台下立即骚动起来，还有人鼓倒掌。带队来的领导和一起来的参赛者都为她捏了一把汗。然而这位女教师并没有因为忘词而惊慌失措，或头上冒汗长时间冷场，或面红耳赤地跑下台去。只见她定了定神，从容自若地说："我刚讲了两句，就赢得了大家的掌声。既然大家这么欣赏我的开头语，那么就让我接着往下说吧。"于是她又接着往下演讲，结果讲得很顺利、很成功。最后博得了听众真正友好的热烈掌声。

二、研讨活动中的讲话训练

教师为提高学术水平，经常要参加教研活动，如座谈发言、专题讲座、学术报告等。这是一种较为庄重、严肃的讲话，带有一定学术研讨性质。要做到立论鲜明、条理清晰、用词准确、态度谦和。

训练

学校派你去参加一次教研会，参加会议的有男有女，有老中青。与会者被介绍相识之后，会议安排一段时间"自由洽谈"。你也要根据一定的目的选择一个对象，进行"交谈"。请以实录的方式，写出交谈片段，并根据"看人说话"的要求在班上做模拟演说。

参考文献

［1］国家语委普通话培训测试中心编制，中华人民共和国教育部语言文字应用管理司组织审定. 普通话水平测试实施纲要. 北京：商务印书馆. 2004.

［2］国家教育委员会师范教育司. 教师口语［M］（试用本）. 北京：北京师范大学出版社，1996.

［3］张锐，万里. 教师口语训练手册［M］. 北京：北京师范大学出版社，1994.

［4］程培元. 教师口语教程［M］. 北京：高等教育出版社，2004.

［5］路玉才，张海燕. 教师口语训练教程［M］. 天津：南开大学出版社，2014.

［6］陈传万，何大海. 教师口语［M］. 合肥：合肥工业大学出版社，2008.

［7］杨秋泽. 教师口语［M］. 济南：齐鲁书社，2001.

［8］韩军华，李树棣. 教师口语与普通话测试［M］. 长春：吉林大学出版社，2006.

［9］尹建国. 普通话培训与测试［M］. 北京：北京师范大学出版社，2010.

［10］高廉平. 口语训练教程［M］. 北京：高等教育出版社，2010.

后　记

　　多年的一线教学实践使我有了总结教学经验编写本书的想法。适逢学校和各位同仁的大力支持与鼓励，使这一想法最终付诸实际。在此表示诚挚的感谢！

　　在本书的编写过程中，我参考了大量的文献。在此，向这些文献的作者和引用案例的设计者表示衷心的感谢！

　　虽怀有美好的初衷，但由于编者水平有限，书中定有疏漏、不足甚至错误之处，敬请您的批评指正！

编者

2021 年 6 月